^{학교}^{성적} 1등 ^{보다}

인기 짱

어린이_가
성공_{한다}

엮은이 서병숙
서울대학교 사범대학 졸업
한양대학교 가정학과 교수 역임
대한 가정학회 이사 역임
지은책 : 『가정경제학』. 『가정학개론』

학교성적 1등보다 인기 짱 어린이가 성공한다

2005년 11월 5일 초판 인쇄 | 2005년 11월 10일 초판 발행
엮은이 서병숙 | 펴낸이 홍철부 | 펴낸데 문지사 | 북디자인 정글북
등록일 1978년 8월 11일(제3-50호) | 서울특별시 은평구 갈현1동 423-16
영업부 02) 386-8451 | 02) 386-8452 |
편집부 02) 382-0026 | 02) 6407-1314 | 팩 스 02) 386-8453

값 9,000원

"학교 성적 1등보다

인기짱

어린이가

성공한다"

서병숙 엮음

문지사

· 차례 ·

제1장 반쪽인간 교육

제2장 이런 부모가 자식을 반쪽인간으로 만든다

제3장 이것이 가정교육의 훈련이다

제4장 가정교육은 부모 밖에 못한다

어린이 교육 비상 사태 선언

왜 완전한 가정교육이 필요한가?

아버지가 초등학생인 아들에게 주려고 백화점에서 살아 있는 딱정벌레를 선물로 사 왔다. 아들은 기뻐하며 딱정벌레를 갖고 놀다가, 이튿날 아침 깨어보니 벌레는 상자 안에서 죽어 있었다.

그런데 쓰러져 있는 벌레를 본 아이는

"아빠, 딱정벌레의 전지약이 다 달았나봐. 새 것으로 바꿔 줘요!"
라고 말했다고 한다.

이것은 우스개소리가 아니다. 최근 우리 이웃에서 생긴 슬픈 이야기이다.

더구나 현실, 격심한 시험 전쟁에서 이겨 내는 것도 이런 타입의 아이들이라는 사실이다. 어째서 이런 아이들이 생겨나는 것일까?

여러분은 이 에피소드에서 무엇을 느끼는가?

지금 전국적으로 만연되고 있는 열병이 있다. 그것은 시험 열병이라고 해서 부모와 자식이 함께 감염되지만, 가정의 전염은 먼저 어머니부터라는 케이스가 태반이다. 이 열병의 특징은 사물의 모든 것을 백점 만점 기준으로 생각하는 점수병이다. 이 열병에 걸리면 자신의 사랑이나 아이의 미래가 모두 점수로 표현된다고 믿는 것 같다.

그러므로 테스트→점수→좋은 학교→좋은 회사→자식의 행복이라는 무지개 같은 공식이 뇌세포에 새겨진다.

한 번 이 열병에 걸리게 되면 부모는 자식을 '조기교육' 시키려고 들게 마련이다. 가정교육이라든가, 바른 몸가짐은 같은 미지근한 것으로는 아이에게 행복된 미래는 찾아오지 못할 것이라고 믿기 때문이다.

그래서 아이는 재주 넘는 원숭이처럼 시험 전쟁이라는 수라장을 뚫고 나가는 재주를 주입당하게 된다. 처음에는 싫증을 내며 공부하던 어린이도 부모의 채찍과 친구들의 경쟁에 자극되어 어느 사이에 '시험벌레'가 되어 버린다.

시험 이외의 것은 보지 않고 듣지 않으며 말하지 않는다는 증상이 부모와 자식은 물론 교육하는 측까지 전염된 것이 한국 교육의 실정이다. 하루 24시간 내내 시험에 쫓기고 있는 아이들은 차갑고 무표정한 시험지와 마주해서 거의 하루를 소비해 버리는 것이다. 시험에 관계 없는 것은 부모가 무차별 치워 버린다. 학교에서도 가르쳐 주지 않는다.

그러므로 빨래감 하나도 제대로 빨 수 없고, 구두끈도 제대로 맬 수 없다는 것은 당연한 일로 되어 왔다. '점수가 올랐다, 내렸다, 합격했다, 불합격이다.' 등의 감정은 이 네 가지 일밖에는 나타나지 않는다. 글자와 기호를 보기만 하는 생활이므로 촉각이나 후각도 잃어버린 상태다. 식사를 하더라도 맛있다고 느끼는 것보다 그 사이에 역사 연대 하나라도 외우는 것이 좋다고 생각하게 된 것이다.

인간의 감각, 감정, 사상 등은 대뇌세포의 활동에 의하여 인식된다. 그러나, 이 열병은 시험과 관계가 없는 대뇌세포가 감당하는 반칙이 작용한다. 시험에 필요한 부분의 세포만을 자극하고 있는데 불과하다. 아이들의 뇌를 반밖에 자극을 못하는 '반뇌자극형 열병'이라고 표현함이 옳을 것이다.

이리하여 모든 부모와 자식은 지금 학교에서 흘러버리는 '반쪽교육'에 휘말려 돌아가고 있다. 무엇인가 큰 결함이 있는 것은 아닐까?

인생은 점수만으로는 처리 못하는 무엇인가를 갖춘 인격체이다.

감각, 감정, 육감, 운수 같은 것들도 점수 이상으로 인생을 좌우하고 아이들의 미래를 결정짓는 요소가 아닐까?

예를 들면 '저 사람은 운이 좋다' 라든가, '저 사람은 감정이 예민하다' 는 말들을 한다. 이 경우의 운이라든가 감정은 그 사람이 태어날 때부터 가지고 있는 신비적인 재능이며, 자기 스스로 의식하여 그것을 갖게 됨은 불가능하다는 뉘앙스가 있다. 과연 그런 것일까? 운이나 감정이라고 하는 해명 불가능한 능력을 교육이나 훈육의 후천적 힘으로 아이들의 몸에 습득할 수 없는 것일까?

그것은 가능하다.

상세한 내용을 본문에서 말하겠지만, 저자가 오랫동안 제창해 온 어린이의 뇌를 최대한 자극하는 '5감 자극 교육' 에 의해서만 가능하다. 이미 유행한 신비적 화제로써 말하는 것이 아니다. 지금은 버려진 놀이나 장난, 훈육 등을 찾아 내서 가정에서 행함으로써 어린이의 집중력, 판단력, 창조력을 길러 그 결과 운, 습성, 감이라는 능력을 어린이의 습득시키려고 하는 것이다. 저자는 이 교육을 '완전한 가정교육' 이라고 부른다. 그리고 그것은 부모의 손에 의해서만 가능한 교육이라는 점을 강조한다.

현재의 학교교육은 '반쪽교육' 밖에 되지 못한다. 어린이의 미래를 기대하는 부모의 마음은 최상이다. 또 어린이는 기대에 어긋나지 않는 훌륭한 신체를 갖고 있다. 즉 '뇌'라는 신체 부위이다. 인간의 행동이나 생각 등 모든 것은 뇌세포의 활동에 의한 것인데, 이 뇌세포는 약 230억개나 되며 사람에 따라 많고 적은 것이 아니다. 바꿔 말하면 머리가 좋고 나쁜 것은 선천적이 아니라, 후천적인 교육에 따라 차이가 생기게 된다는 점이다.

교육이라 함은 한마디로 대뇌의 계통적 계발이라고 말할 수 있다. 되도록 넓은 범위에서 계통적으로 깊이 계발할 필요가 있다. 모든 방향에서 대뇌세포를 자극하지 않으면 안 된다. 시視·청聽·미味·후嗅·촉觸의 5감은 물론 지知·정精·의意 모두에 필요하다. 이 중에서 일부만을 자극해서는 완전한 교육이라고 할 수 없다. 또, 일부만을 들어서 인간의 능력을 평가함은 잘못된 방법이다. 한편 어린이의 인격과 미래를 그르치는 원인이 되기도 한다. 이런 관점에서 지금의 학교 교육을 본다면 5감 중에서 시와 청에 편중되고, 미각·후각·촉각은 물론 감을 등한시하고 있다는 점을 곧 알 수 있다. 또 정과 의를 무시하고 지에 편중한 교육만을 주입시켜 결국에는 그것만으로 어린이의 능력을 측정하고, 미래를 결정짓는 일까지 하고 있다는 것이다.

대뇌의 전면적 개발을 목표로 하는 교육을 '전뇌교육'이라고 부르지만, 학교 교육은 '반뇌교육'에도 미치지 못한다고 생각된다. 최근에 문제가 되고 있는 의욕이라든가, 창조력을 생각하면 학교 교육이 무시해 온 능력이었음을 알 수 있다.

지금의 학교는 인간으로서 필요한 모든 것을 교육하는 곳은 아니다. 다만, 어린이의 능력 어느 일부분만을 집중적으로 교육하는데 지나지 않는다. 그것도 개발이라고 하기보다는 주입이라는 방법을 취하고 있다.

'교육이란 학교에서 배운 것을 모두 잊어버린 뒤에 남아 있는 능력이다.' (아인쉬타인)

학교에서는 반뇌교육밖에 하지 않는데, 전뇌교육을 하고 있는 것 같은 착각 속에 학부모들은 빠져 있다. 성적만을 제일로 하는 점수 만능이 당연시되고, 어린이는 시험 지옥 속에서 점수 따는 벌레로 변신되어 있다. 학교 뿐만 아니라, 나라 전체가 교육에 미쳐 있는 현상이다. 지금 빨리 완전한 두뇌교육을 하지 않으면 안 된다.

한없는 미래를 구축할 수 있는 어린이의 두뇌를 원시原始의 들판처럼 내버려 두어서는 안 된다. 개간하고 길을 터서 아름다운 꽃을 피게 하고 풍요한 열매를 맺게 해주지 않으면 희망이 없다. 하루가 늦으면 그만큼 미개척의 원야가 남고 어린이는 '반뇌인간' 이상으로 발전될 수 없다. 하루 하루가 비상 사태인 것이다.

학교 시험 성적보다 진학 학교의 선택보다도 교육, 그 자체를 생각하지 않으면 안 된다. 대뇌의 전 능력을 개발하는 교육을 하루 빨리

착수하여야 한다.

지육知育 중심의 그릇된 교육관을 버리고 지·정·의 감각을 풍부하고 예리게 발달시켜 '제 6감' 도 함께 단련해서 기초를 만들 것, 지知뿐만이 아니고, 정精과 의意의 밸런스가 잡힌 인격 발달을 꾀하지 않으면 안 된다.

시험 점수가 몇점 올라가는 것보다 어린이 인생의 나머지 70년을 통용할 두뇌의 힘이 중요한 것이다.

제1장
반쪽인간 교육

　지금의 학교 교육에는 감동이 없다. 융통성 없는 관리 체제로 교사들은 근무 평가 점수에 떨고 있다. 학생이 시험 점수에 떨고 있듯이 말이다. 그리고, 학교 당국으로부터 무기력하고 폭력 교사란 인상을 받지 않기 위해서 감정까지 억제하고 있는 것이다.

지금의 학교는 '반쪽인간' 밖에
못 만든다

우리 나라 학교 교육의 역사는 짧으나 선진국 대열에 끼어보려고 발돋움하고 있는 실정이다. 오랜 조선조 봉건주의를 지나서 반세기 동안의 일본 식민지 교육을 거쳐 해방 후에 겨우 자주 민주 교육의 발판을 만들고, 선진 여러 나라에서 시행하는 의무교육제도를 받아드려 문맹이 퇴치되고, 국민 모두가 동일 언어와 문자로 교육을 받게 되었다. 그러나 그 실속은 어떠하며, 헌법이나 어린이 헌장에서 주창되고 있는 대로 교육을 행하고 있는 것일까 생각해 볼 필요가 있다.

해방 후 급속도로 밀려들어온 민주주의, 자유주의, 자본주의의 원리가 그대로 교육에 적용되었다.

대량생산, 대량판매를 위한 민주주의적인 자유 시장 경제체제를 도입하고 모든 것을 대량 단위로 생각하고 개인은 단지 그 요소에 불과하다. 거대한 기계 부품 가운데 작은 톱니바퀴와 흡사하다. 교육은 이 톱니가 잘 만들어져서 저항없이 회전하는 것을 목표로 하고 있을 뿐이다. 톱니의 사정이나 희망을 일일이 들어줄 여지가 없는 것이다.

씩씩하고 무한한 미래의 가능성을 지닌 수십 만의 어린이가 해마다 학교에 입학을 한다. 이 희망에 넘친 어린이를 맞는 학교는 어린이 능력 중에 가장 대량 생산에 적합한 지육知育 교육을 중심으로 해서 지금의 사회가 요구하는 인간으로 교육시키고자 한다.

지知, 정精, 의意 중에 지만이 오늘날 교육의 전부이다. 그것은 230억 개나 되는 뇌세포의 절반도 교육하지 못하는 반뇌교육에 불과할 뿐이다. 또한 수십 명을 한 교실에 수용하고 그 성과를 얻는데 급급하여 테스트라는 방법으로 해 치운다. 테스트 역시 지적 발달을 참고로 개개의 어린이 지도에 임하기 위한 것이 아니라 체에 담기 위한 방법에 불과하다.

헌법에 의무교육은 나라에서 전담하기로 법률로 정해져 있다. 교육 내용도 부모나 어린이의 의도와는 관계없이 학교의 방침에 따라 행한다. 학교는 어린이를 데려다 놓고 자기 편의대로 반뇌교육을 하고 있을 뿐이다.

부모는 이 점을 간과해서는 안 된다. 아동을 되돌려야 한다. 내 손으로 완전한 두뇌교육을 행하여야 한다. 학교 교육의 잘못된 곳을 바로잡고, 학교 교육이 무시하는 어린이의 가능성을 발굴하여 또 다른 차원의 빛 속에서 길러져야 한다.

좋은 학교, 좋은 성적으로
어린이는 행복한가

　　좋은 학교, 좋은 성적 → 좋은 회사, 좋은 생활을 세상의 많은 어버이들은 자녀의 미래에 대하여 생각하고 또 기원하고 있다. 그러나, 과연 부모의 생각대로 되는 것일까?

　　좋은 학교에 들어갔다고 기뻐하고 있는 동안 탈선 행위로 학교를 중퇴, 좋은 회사에 들어갔다고 생각할 때면 그 회사는 경기 악화로 넘어가버리고, 또 부모의 눈에는 좋은 직장이라고 보이지만 자식은 성격에 맞지 않는다고 퇴사해 버린다.

　　부모가 좋은 성적 → 좋은 회사라고 말할 적마다 나는 '그 다음은?'하고 묻는다. 계속 따져들어가면 끝에는 모두 똑같은 대답이다. 그렇다면, 왜 자녀가 납득하고 만족하는 보람된 좋은 인생을 마련해 주지 못하는가 반문한다. 지금 당신은 현재 생활에 자신감을 가지고 납득하며, 만족하고 있는가? 무엇인가 불만족스럽거나 다른 기대가 있어서 막연히 아이에게 의탁하려고 하는 마음을 가져본 적은 없는가?

원예가가 자신이 아직까지 이루지 못한 신종 개발을 자라는 아이에게 계승시켜 죽은 후에까지 연구를 2세에게 부탁하고 싶은 욕망, 이 정도라면 아름답다. 제발 그렇게 되기를 바란다.

그러나, 좋은 회사라고 믿는 당신은 자기와 관계가 없는 사회 속에서 자녀가 사는 것을 원하고 있는 것은 아닐까? 당신이 생각하는 꿈의 세계에서 생리에 안 맞는 희망을 등에 지고 있는 아이가 과연 뜻있는 좋은 생활을 보낼 수 있을까? 좋은 학교를 나오면 무엇인가 해나갈 수 있다는 기대는 10년, 20년 전의 일이다. 자녀가 세상 밖으로 나아가 활약할 10년 후에는 이런 부모의 사고방식이 통용될 리가 없다. 이러한 사고 방식이라면 현실 사회의 부패를 '혁명 → 우리들 손으로' 라는 생각과 대차 없다는 것을 감지할 것이다.

중요한 것은 진실된 힘과 진실한 교사, 충실한 생활이다. 부모는 자녀가 참된 힘과 바른 교사를 발견하는 보조 역할만 하면 된다.

진실된 힘은 입학 시험이나 입사 시험과 같은 제도적으로 인정 받고 그것으로 통용되는 것은 아니다. 인생의 어떤 장애에 부딪치더라도 주저하지 않고 맞서서 이기고 넘어가는 힘을 말한다. 이것이 바로 일발의 저력이다. 평가는 노력의 결과로 자연스럽게 생겨나는 능력이다.

이 힘은 제도로서의 학교 교육만으로는 충분하지 못하다. 지육知育과 함께 풍부한 감정과 견고한 의지, 무엇보다도 자신의 길을 개척하는 운이 겸비되지 않으면 안 된다. 학교 교육만이 아닌 '또 하나의 교육'인 것이다.

'또 하나의 교육'은 학교 밖에서 행하여진다. 그것은 야외에서, 버스 안에서 이루어지고 가정 안에서 이루어진다. 모든 장소가 교육장이 되는 것이다. 그 교과 주요 내용의 2대 항목은 놀이와 장난이다. 이 예외적인 교육은 대뇌세포를 모든 면에서 자극한다. 이것이 바로「완전한 두뇌교육」이다.

지금의 교육은 '도깨비'와 '식물인간'을 만들고 있다.

어느 초등학교를 방문했을 때의 일이다. 복도를 걸어가는데 교실 안이 이상할 정도로 조용했다. 수업 중이라면 교사의 큰 소리나 어린이들의 떠드는 소리가 들릴 터인데 그렇지가 않았다. 실은, 이 학교에서는 흑판을 사용하는 수업은 일체 없다. 매시간 시간마다 시험을 볼 뿐이다. 또 교사는 전 시간을 시험 채점만으로 하루의 근무 시간을 채우고 있었다.

그리하여 주일간의 시험 성적이 집계되고, 점수가 나쁜 아동 부모는 학교에 호출된다. 이 점수로는 A중학은 물론 B중학에도 못 간다. 가정에서 더 많은 과외 공부를 시키도록 하라는 선고를 받은 아동은 다음 주부터는 과외 선생을 붙여서 공부를 더 하고 자신이 생기면 학교에 나온다. 학교는 진학률이 높은 것을 자만하고 부모들도 불평은 고사하고 도리어 감사하게 생각한다는 것이다.

학교도, 부모도 어린이를 위한 교육은 생각하지 않고, 자기들의 허영을 위한 교육을 행할 뿐이다.

테스트, 시험에 쫓기고 있는 어린이의 머리 속에는 무엇이 남을 것인가? 단편적인 희미한 지식이 ○나 ×로 표시된 채 컴퓨터 키보드처럼 나란히 자리잡고 있을 뿐이다.

정해진 질문에 대하여 정해진 답이 준비되어 있을 뿐이다. 아무 것도 없다. 산 컴퓨터에 지나지 않는다. 생각하는 것이 아니라 반응할 뿐이다. 컴퓨터 스위치를 잘못 누르면 틀린 답이 나오듯이 전혀 응용을 못하는 머리가 되어버린다. 그러므로, 지금까지의 해본 것이나 기억한 문제가 아닌한 정확한 답은 기대할 수 없다.

테스트로 인간을 체로 걸러내는 지금의 교육제도는 컴퓨터 인간에게 기계적으로 좋은 점수를 부여하는 행위다. 컴퓨터 인간이 1년에 몇 십만 명씩 대학에 들어가고 나온다.

이런 상태를 20년 앞까지 생각해 보기 바란다. 지금, 우리들이 알고 있는 인간과는 전혀 다른 도깨비 같은 사회가 머리 속에 떠오를 것이다.

테스트 교육을 운운할 때 근시안적인 관찰을 하고 있지 않은 것은 아닐까? 적어도 20년 후에는 자녀들이 어떤 인간이 되며, 어떤 사회가 형성될 것인가를 생각해 보기 바란다. 지금 받고 있는 교육은 당신의 자녀들이 일생 동안 짊어지고 가지 않으면 안 되므로……

그러나 최근엔 다시 중병의 아동들이 증가하고 있다. 3무주의三無主義라든가 4무주의라고 하는 무기력증이다. 아이들인데도 불구하고 무엇을 하고 싶으냐고 물어도 하고 싶은 것이 없다고 대답한다. 없는 것이 아니라, 모르는 것이다. 식물인간의 한 걸음 앞에 있을 뿐이다. 대뇌세포가 거의 자고 있는 중증 환자이다. 트레이닝으로 대뇌세포에 자극을 주지 않으면 일생 동안 동면 상태의 무기력한 인간이 되고 말 것이다.

이것은 반뇌교육 정도가 아닌 「무뇌교육」이다.

생각하는 마음을 준비하는 것이
완전한 가정교육의 첫걸음이다

당신이 「송전선送電線」이라는 제목으로 작문을 쓴다고 하자. '송전선이란 전기를 보내는 선이며, 산골의 댐에서 만들어진 전기를 멀리 떨어진 도회까지 보내는 역할을 하고 있다.' 라든가, '몇 미터 간격으로 철탑이 서 있는가를 조사해 보자' 는 등의 논문조로 쓴다면 당신은 활자형活字型 인간이다.

한편, 바로 눈앞에 반짝 영상이 떠올라서 그것을 바라보거나 한 것처럼 쓴다고 하자. 높은 철탑이나 전선의 늘어진 상태, 참새가 나란히 앉아 있는 광경이라든가, 이런 영상이 다음에서 다음으로 변화하는 것처럼 쓰는 사람을 영상형映像型 인간이라고 부른다.

당신은 어느 편일까? 활자형 인간은 격랑의 물결처럼 변화하는 현대를 살아가는 것은 무리라는 생각을 하고 있다. 태어났을 때부터 텔레비전을 보며 자라는 시대의 아이들은 영상형 인간이다. 그러나 활자형 인간과 같이 나태한 생각은 하지 않는다. 구체적인 계산을 좋아한다.

다음 아래의 낱말을 암기해 보기 바란다.

A쪽 : 시계. 나이프. 재떨이. 불꽃. 연필. 담배. 골프. 자동차. 아이론. 엘리베이터

B쪽 : 평화. 적의敵意. 의논. 동요. 경제. 실연. 이성理性. 우정. 방향. 온도

A쪽을 암기하기 쉬운 사람을 **구체적 사고형**이라 하고, B쪽을 암기하기 쉬운 사람은 **추상적 사고형** 인간이라고 불리운다. 한국인은 구체적 사고형의 인간이 많다고 한다. 추상적 사고를 잘못한다고 하지만, 최근 초등학교 아동에서 대학생에 이르기까지 두 가지 사고력이 모두 저하되었다고 본다. 중간 얼치기라고나 할까. 매일매일 시험에 쫓기고 암기에만 의존하여 생각하는 방법을 파악치 못함은 이를 깊이 파고들어가는 집중력 교육을 하지 않았기 때문이다. 두 가지를 간추려 보면 다음과 같다.

① 구체적으로 사물을 묘사하는 영상형 인간이 아니면 격심한 사회의 움직임에 따라갈 수 없다.

② 구체적 사고형의 인간으로는 자기가 얻은 인식을 간추려 구축할 수가 없다.

한편, 바람직한 인간이라 함은 어떤 인간을 말하는 것일까? 당신 나름대로의 형을 생각하고 스스로 답을 얻기 바란다.

이 책의 다른 페이지에서 기술한 바와 같이 활자형, 영상형, 감각

형 인간으로 나눌 수도 있다. 또 이성적, 감정적이라고 하는 옛날부터의 분류법도 있다. 그러나 좀더 잘게 인간의 타입에는 관료형, 직업인형, 농민형, 상인형, 가장 특징이 없는 샐러리맨형 등으로 나누어 볼 수 있을 것이다. 그러나 모두 절대적인 인간형의 분류는 아니다.

중요한 것은 자기 자신이 혹은 타인이 어떤 형으로 사물을 생각하고, 어떤 타입의 인간으로서 행동하고 있는가를 자각하는 일이다. 자신이 좋아하는 형을 알고 있으면 보는 방법도 바뀐다. 즉, 발상의 전환이 용이하게 된다. 상대편의 말을 이해하기 쉽고, 자기의 말도 이해받기가 쉽다. 이는 어린이를 가르칠 때의 기본이 된다.

초등학교 교실 구조는 어린이를 무시하고 있다

당신이 졸업한 초등학교 건물을 회상해 보기 바란다. 교정 정면에 서 있는 교실, 그 교사 중앙에는 교장실이나 직원실이 있을 것이다. 즉 학교 건물 중에서도 가장 좋은 곳, 입구로 들어가서 바로 남향한 방이다.

교장실과 직원실이 중앙에 위치해 있는 학교는 비단 초등학교 뿐만 아니다. 이런 학교 건축 양식은 세계에서도 독특한 것이다. 과연 한국 사람으로서 자랑할 만한 일일까, 아니면 수치스러운 건축 양심일까? '석 자三尺 밑에서는 스승의 그림자를 밟지 않는다' 라는 속담 같이 동양적 미덕을 표현한 것일까?

학교는 미래를 짊어지고 나갈 인간을 교육하는 장소다. 어린이가 주인공이다. 의무교육이 국민의 세금으로 운영되고 있는 것도 어린이를 위해서이다. 여기까지는 누구도 이론이 있을 수 없다.

그렇다면, 왜 남향의 교정을 바라보는 가장 좋은 방에 '주인공' 이 없는 것일까? 출입구의 옆이라면 1학년생들이 들어가야 할 곳이 아닌가? 특히 학교가 처음인 1학년생에 있어서는 쉽고 편하게 들어가야 할 교실이 바람직한 것이 아닌가?

내가 강연회나 세미나에서 이같은 문제를 제기하면 반드시 청중들 사이에서는 "어째서?"하는 의아의 눈초리를 일제히 보내온다.

교육이란 확실히 교육을 받는 측, 어린이들을 위한 것이어야만 된다. 그러나, 그것을 방해하는 장場으로 만들어진 것은 누구의 잘못일까?

그것은 법률로 규제되고 재정적 감시를 받고 조직이라는 테두리로 굳혀진 관리 기구라는 괴물인 것이다. 국가라는 권력 기구가 요구하는 인간을 육성하기 위한 관리 공장과 같은 것이라고 할 수 있다.

그러므로 학교라는 특수한 장소는, 어린이를 수용하는 교실은 관리 제일을 생각해서 만든 것이다. 민주교육은 어린이의 인권 존중에 있다고 힘주어 말하지만, 옷 속에 감춰진 갑옷을 보이는 것과 다름없다. 그것도 교사校舍, 교장실이라고 하는 큰 물건인 것이다. 그렇다면 미처 발견 못한 더 큰 것이 있을 것이 아닌가.

수용소가 교육을 해 주는 것은 아니다. 사람이 교육하는 것이다. 교사의 질, 이것이 바로 학교 교육의 알파이고 오메가이다. 그러나, 슬프게도 의무교육에서는 교육을 받는 측에서 교사를 선택할 자유가 없는 것이다. 학교 행정의 편의에 맡기고 운에 맡기는 수밖에 없다.

이래서는 안 된다. 학교만을 믿지 말고 부모 스스로가 교육하지 않으면 안 된다. 학교에서는 가르치지 못하는 것이 너무나 많다. 그러면서 장래에 너무나 많은 필요한 것을 기대하는 것이 국가와 사회의 통념이다. 즉, 미래형 인간이 되기 위한 두뇌의 종합적 개발을 위해 교육이 요구하는 가장 큰 이유이다.

학교 교육이 '머리 나쁜 아이'를 만들고 있다

　머리가 좋다. 아니면 머리가 나쁘다고 말한다. 또 머리의 됨됨이가 좋다 나쁘다고 판단한다. 사람에 따라서 유전적으로 머리 자체에 좋고 나쁨이 있는 것으로 생각하기 쉬우나 큰 오해의 소치다.

　소련 생리학자 파블로프의 조건 반사에 관한 실험이 있은 이후부터는 머리의 좋고 나쁜 것에는 생리학적 차이가 없는 것으로 증명되고 있다.

　또 유전학적으로 보면 사람의 염색체는 성염색체를 제외한 23×2의 조합에 불과하다는 것이다. 인류는 이미 과거부터 몇 백 세대에 걸쳐 결합되어 오고 있다. 최초에 소질의 차이가 있었다 하더라도 확률로 보면, 지금은 문제가 되지 않을 정도로 축소되었다는 것이다. 그러므로 큰 차이는 없다고 봐야 한다.

　그 밖에 머리의 됨됨이에 차이가 없다는 사실을 여러 가지로 증명하였다. 차이가 생기는 것은 고고의 소리를 내며 출생한 이후부터이다. 한 마디로 교육 여하에 따른 결과다.

가장 좋은 예는 형제를 비교해 보면 알 수 있다. 장남 장녀를 부모가 귀염둥이로 버릇없이 키운 아이를 후레자식이라고 한다.

그러나, 이 장남 장녀라는 관계는 호적상의 장남으로 제일 인자因子는 아니다. 위로 자녀가 몇 죽었을 경우 살아 있는 최연장자를 가리킨다. 출생순이 아니고 기른순이다. 그러므로 유전은 아니다.

또 끝자식이 버릇없다는 것도 기르는 데서 생긴 차이지 유전이나 뇌세포수와의 관계는 아니다.

뇌세포의 수는 약 230억개라고 한다. 세포수는 누구나 똑같으므로 그 작용의 형편에 따라 차이가 생긴다. 세포와 세포를 잇는 선, 신호선이 많으면 많을수록 머리가 좋으며, 이렇게 연결되고 자극을 받은 세포가 많을수록 기억량도 많아진다.

자극이 뇌세포에 전해지고 신호계信號系를 증가시키는 것을 학습이라고 한다. 학습을 시키는 방법을 교육이라고 한다. 이 이유를 알고 있는 사람이 어린이를 붙잡고 '너는 머리가 나쁜 아이다' 라고 해서는 안 된다. 어린이의 머리는 조금도 나쁘지 않다. 나쁜 것은 부모와 교사다. 더욱 좋지 않은 것은 '너는 머리가 나쁘다' 라고 하는 자극적인 기억을 어린이의 머리 속에 새겨 주는 편견의 말이다. 머리가 나쁜 부모가 나쁘지 않은 어린이에게 암시를 주어서 나쁘게 만들어 버리는 것이다. 농담이라도 장난 삼아 그런 말을 해서는 안 된다.

그렇다면 어떤 방법으로 교육하면 좋은가. 어떤 자극을 주면 좋은

가에 대해서는 뒤의 제3장, 4장에서 상세히 말해 두었으므로 여기서는 그 골자만을 말한다. 간단한 방법이다. 뇌세포를 한 번에 모두 자극하려고 하지 않으면 된다. 어린이의 흥미보다 약간 다른 면을 자극해 본다.

그러기 위해서는 경쟁이 좋다.

시계로 시간을 잰다든가, 만든 수만큼 ○표를 한다든가 해서 '됐다. 요다음엔……' 하고 생각을 유도하면 된다.

그리고, 학습한 내용을 잊어버리지 않게 하기 위해서 반복 연습하고 강화시켜 주는 것도 매우 중요하다. 흥미를 갖도록 유도하면 된다.

이것이 두뇌 자극 교육, 즉 완전한 두뇌교육의 기초 조건이다.

담임교사의 잘못된 판단이
어린이의 일생을 망친다

자유주의 경제시대에 살고 있는 사람들은 자기의 뜻대로 좋아하는 물건을 선택할 수 있다. 그러므로 값비싼 것을 구매할 때는 시간과 품을 들여서 신중하게 선택한다. 누구든지 그것을 당연하다고 생각한다.

교육도 지식을 주는 사람과 받는 사람의 관계가 성립되어 그 사이에 금전의 주고 받음이 이루어지고 있다. 대학은 그것을 자격이라고 해서 팔고 있고 의무교육은 세금이라는 형식으로 선불해 두었을 뿐이다.

그러나, 여기서 이상한 사실을 발견하게 된다. 자격을 사는 대학은 사는 사람을 마음대로 선택하는데 의무교육에는 선택의 자유가 없다. 학교는 학구제로 정해지고, 담임 교사도 규범에 의해 정해진다. 교사의 판단 착오는 어린이의 일생을 좌우하는 중대 문제이다. 어린이의 성격과 교사의 질이 복잡하게 얽혀서 교육이 행해지므로, 이 톱니바퀴 하나가 잘못되면 어린이의 인생도 틀려버린다.

어린이와 교사의 만남은 인생을 창조하는 기회다.

그러나, 학교의 선생 수는 제한되어 있어 대개의 학부모들은 그 중에서 가장 교육 효과적인 담임을 배정 받았다고 생각하겠지만, 그렇지 못한 것이 오늘날의 학교 실정이다.

다음과 같은 실화가 있다.

어느 초등학교에서는 매년 신학기 담임 배정에 일정한 순서가 있다고 한다. 우선 1학년 담임을 정한다. 다음 5학년 담임을 정한다. 2학년과 6학년의 담임은 전년의 1학년과 5학년 담임이 달고 올라간다. 3학년과 4학년 담임은 그 뒤에 정한다.

그 기준은 학교 관리 측에서 봐서 1학년과 6학년 담임은 '점수 좋은' 교사에게 준다. 이유는 1학년과 6학년 담임이 가장 수입이 많기 때문이다. 5학년 담임은 6학년 담임의 준비 기간, 2학년 담임은 전년에 1학년을 맡아서 수입이 많았으므로 휴식 기간이 필요하다는 것이다.

3학년과 4학년 담임은 우선 신임, 다음엔 관리자 측에서 봐서 전년에 아무 데도 해당 없었던 교사를 배치한다.

1학년과 6학년은 확실히 중요한 시기인 것이다. 그러나, 지적知的으로나 신체적으로 가장 큰 발달의 차가 생기는 3~4학년이야말로 중요한 시기인데도 불구하고 신임 또는 근무 평점이 낮은 교사를 배치한다.

누구를 위한 교육이며 담임제도인 것인가? 교장은 무엇 때문에 학교에 군림하고 있는 것인가?

학교 당국은 왜 이런 점을 문제시하지 않는 것일까? 왜 교사의 질을 조사하려고 하지 않는가? 이웃 학교에 우수한 교사가 있으면 끌어들일 마음가짐이라도 있었으면 한다.

지금 일선 학교에 있는 교사와 원만하게 지내는 것만이 교육 행정의 목표는 아닐 것이다.

어린이의 장래를 좌우하는 담임제의 어두운 일면을 알고 낙심했을 것이다. 그러나, 여기서 한 가지 교사 선택법이 있다. 그것은 학교의 교사가 아니라 가정에서의 교사다. 학교 수업에서 부족한 점을 보충하는 것이 아니라, 학교 교육이 미치지 못한 곳을 보충한다고 생각하면 마음가짐도 달라질 것이다.

감동을 모르는 교사에게
인간 형성은 기대할 수 없다

　옛날엔 '버릇' 있는 선생님들이 많았다. 시조를 좋아하는 선생은 수업을 제쳐놓고 시조를 가르쳤다. 그 영향으로 한문을 좋아하게 된 학생이 많아지기도 했다.

　생물 선생님은 채집한다고 해서 자기가 좋아하는 화석류 수집에 어린이들을 동원했다. 그 덕분으로 학생은 위험한 벼랑을 오르내리고 어려운 토굴작업을 하지 않으면 안 되었다. 그 대신 자기가 살고 있는 고장의 지질, 광물, 지형이나 식생植生에 대해서는 전문가 못지 않은 지식을 지니게 되었다.

　때로는 쓸 데 없는 중노동이라고 귀찮게도 생각되었다. 그러나, 이상하게도 싫지 않았다. 그것은 선생님이 정말로 시조나 화석에 몰두해 있었던 까닭이다.

　시조의 아름다움을 말하면서 교사는 감동을 열어서 보여주었기 때문이다. 화석에 새겨진 생물 이야기에 열을 내어 토할 때 교사의 진솔한 표정에 묻어 있는 매료된 심정이 어떤 것이라는 열정을 가르쳐 주었다.

안다는 것은 하나의 감동이다. '1+1=2' 라는 발견은 천동설 만큼 감동은 일으키지 못하더라도 인간의 지적 활동은 '의심' 에서 해답을 찾을 수 있다는 '놀라고' , '감동한다' 는 마음의 움직임이다.

안다고 하는 무색 투명한 지식이 감동이라고 하는 프리즘을 통과해 선명한 인식으로 발전되어 마음에 새겨져 빛을 발한다.

감동이 없는 교육은 단지 기호의 전달에 불과하다. 내용이 없기 때문이다. 마음에 호소하는 울림이 없다. 인간 형성의 양식이 되지 못한다.

지금의 학교 교육에는 감동이 없다. 융통성 없는 관리 체제 속에서 교사들은 근무 평가 점수에 떨고 있다. 학생이 시험 점수에 떨고 있듯이 말이다. 그리고 학교 당국으로부터 폭력 교사란 인상을 받지 않기 위해서 감정을 억제하고 있는 밀랍으로 만든 존재일 뿐이다.

학교를 졸업하고 나면 이미 교사와 학생 관계는 끝난다. 그 때까지의 학교 생활은 텔레비전 스위치를 끊은 것처럼 흔적도 없이 사라지고 졸업 증명서만이 남는다.

어린이들에게 상처가 나면 그 책임을 물어오는 것이 무서워서 방과 후 교문을 굳게 닫는 학교에 마음과 마음이 통하는 교육, 영혼과 영혼이 통하는 교육, 인간 형성의 교육은 기대할 수 없다.

학교만이 문제인 것은 아니다. 당신 자신은 어린이와 하루에 몇 분 동안이나 이야기를 나누고 있는가를 생각해 보기 바란다. 감동이 없는 사무적인 이야기로 고작 2, 3분간 나누는 것이 오늘의 부자상이며, 모자상의 모습인 것이다.

이래서는 감정이 풍부한 어린이는 육성되지 않는다. 최소한 TV프로를 보고 있을 때 정도는 솔직한 감정 표현을 해 주었으면 한다. 좋은 내용에 성원을 보내고, 나쁜 장면은 성토를 퍼불 일이다. 텔레비전을 본 후 한마디쯤 감상의 말을 해야 할 것이 아닌가.

자연히 어린이와의 대화가 생기고 어버이가 가지고 있는 감동이 모르는 사이에 어린이에게 전해 진다. 이것은 결코 어려운 일은 아니다.

의무교육은 부모에게서
어린이를 빼앗아 버린다

① 모든 국민은 법률이 정한 바에 따라 동등하게 교육을 받을 권리를 가진다.

② 모든 국민은 법률이 정한 바에 따라 그를 보호하는 자녀에게 교육을 받게 할 의무를 진다. 의무교육은 이것을 무상으로 한다.

이 조문을 읽고 '무상'의 국민교육을 부르짖은 민주국가다운 헌법이라고 생각하는 사람이 많을 것이다. 과연 그런 것일까?

우선, ①에는 교육을 받을 권리로 되어 있다. 주는 권리는 없을까? 사상 및 양심의 자유, 종교의 자유, 학문의 자유가 보장되어 있으므로 그것을 주는 자유도 있으면 좋을 것이 아닌가?

없다. 가르치는 자유는 국가가 맡아 부모를 대신해서 교육해 준다고 했다. 대신해 주지 않아도 좋다. 자기가 이상적이라고 생각하는 교육을 하고 싶다든가, 지금의 학교에 맡겨둘 수 없다고 항의해도 안 된다. 의무이니까, 무조건 학교에 맡겨야 된다고 하는 것이다.

'무상' 이라고 써 있다. 그러나, 사실은 우리들이 낸 세금으로 운영하고 있는 것이다. 회비를 걷어 여행을 가서 요구하지도 않는 기념 사진을 찍고 서비스라고 말하는 것과 무엇이 틀리는가. 처음부터 회비에 포함되어 있다는 것이 뻔히 들여다보이는 방법과 같다.

교육 문제를 말할 때 이 두 가지의 일을 잊어버려서는 안 된다.

현재의 교육제도에 결함이 있다던가, 시험 위주의 폐해가 크다던가, 교과 내용에 정치 색채가 농후하다던가 하는 논의가 많다.

확실히 여러 가지 면에 문제가 있는 것은 사실이다. 그러나, 이와 같은 방법은 차표를 사서 탄 버스가 행선지가 틀리다던가, 식당차가 없다던가, 자기가 원하는 정류소에 서지 않는다 하여 불평을 하는 것과 어딘가 닮은 점은 없는가.

타기 전에 생각하지 않으면 안 되는 자기 책임이다. 어째서 그 버스 밖에 없는 것일까? 다른 차는 없는가, 걸어서 갈 것인가, 자전거로 갈 것인가 하고 말이다.

어째서 '주는 권리' 는 없는 것일까? 왜 '선택의 권리' 가 없는 것일까? 무엇 때문에 의무교육이 있는 것인지를 잘 생각해 보기 바란다. 이에 대한 답은 이 책을 읽은 당신 자신이 내야 될 차례다. 그리고 답이 나온 즉시 당신은 지금까지와는 다른 눈으로 교육문제를 바라보고 같은 생각을 가진 사람들에게 호소하고 싶은 충동에 사로잡히게 될 것이다.

교육을 자기 손에 복귀시킨다고 하는 것이 얼마나 큰 일인가를 알아 차렸을 것이다. 바로 눈앞에 당면해 있는 문제의 저 구석에 있는 이 음험한 사상을 개혁하는데는 길고 긴 시간이 필요하다. 이와 같은 개혁을 권하는 한편, 당신이 지금 할 수 있는 일은 '가능한 교육'을 자신이 하는 것이다.

의무교육은 바겐세일의 팬티 스타킹과 같다

미국의 경영학자 드래거는 『단절의 시대』라는 책에서 이런 말을 했다.

만약, 그 학교에 바보가 있다고 한다면, 학교는 수치스러울 것이다. 그렇지만 교육시설이나 방법을 개선하면 바보는 없어진다.

확실히 교육학과에 절대적으로 필요한 교육기기나 시설의 진보 발달은 학습에 불가능은 없다고 할 수 있을 정도까지 도달해 있다. 문제는 돈이다.

교육을 돈과 관련시켜 생각한다고 불쾌한 얼굴을 하는 사람이 있을지 모르나 의료 현황을 생각해 보면 좋은 예가 될 것이다. 현재야말로 의료는 돈에 좌우되며, 상당한 난치병도 치료되고 있는 실정이다. 교육도 다를 바 없다.

바겐세일에서 사 온 팬티 스타킹이 금방 찢어져도 누구도 화를 내지 않는다. 싸구려니까 당연하다고 단념한다. 이와같이 우리의 의무 교육은 싸구려인 것이다.

교육 예산을 현재의 몇 십배 정도로 하지 않으면 만족한 교육은 이루어질 수 없다. 그러므로 이런 싸구려 학교 교육에 너무 기대해서는 안 된다. 올바르게 글자를 읽을 수 있도록, 쓸 수 있도록, 계산을 할 수 있도록 학교에서 가르쳐 주어야 한다. 그러나, 어린이 한 사람 한 사람의 개성에 맞는 재능을 개발하는 교육을 요구함은 무리한 것일까?

창조력이라든가 예술성을 아무리 기대해 봐도 불가능하다는 것이 학교 교육의 현장이다.

인구가 증가했다. 아동수가 늘었다. 그래서 학교를 세운다고 한다. 무엇을 하느냐 하면, 단지 아동을 모아서 수용하는 상자를 만들 뿐이므로 어린이의 개성을 신장하는 이상적 교육은 의무교육에서는 바랄 수 없다는 것이 큰 문제점이다.

그러므로 가정에서의 교육이야말로 참으로 중요한 덕목을 가르치는 기회가 된다고 생각하기 바란다. 그렇다고 해서 학교를 미니 교실로 하려는 부모가 있다.

지금의 학교는 반뇌교육이다. 가정교육에서 필요한 것은 미니 교실이 아니다. 사탕과 채찍을 가진 조교사와 장난과 생활 속에서 얻어지는 '또 하나의 교육' 인 것이다. 그것은 가정에서 부모 밖에 가르칠 수 없는 완전한 두뇌교육이다.

'편하고 능률 높게'가 교육의 목표이다

교과라 함은 한 마디로 말해서 우리들이 지각知覺하고 생각하는 모든 삼라만상 가운데서 교육하기 위하여 채택한 종목이라고 할 수 있다.

이것은 교육을 위해서가 아니며, 삼라만상을 연구하기 위한 학문에는 체계라는 순서가 있다. 학자가 연구하는 방법과 수단에 따라 정리한 것이다. 이를 그대로 교육에 맞춰서 쉬운 것에서 어려운 것으로, 단순한 것에서 복잡한 것으로 체계를 세워 교과주의 학파라 불리운다.

국어, 산수, 자연, 사회 등 현재의 학과가 바로 그것이다. 등산가가 알프스를 목표로 하듯이 학자는 비실용적일지라도 지식의 숲을 밟고 들어간다. 교과주의는 구체성이 결缺해 있으므로 이해하기 어렵다는 면이 있다. 그러므로 교과란 학자용인 것이다.

이 방향과는 별도로 배우는 자의 생활을 기초로 하여 교과 내용을 짜는 생활주의 방법이 있다. 이웃 마을로 소풍 가는 것을 테마로 한 경우, 이웃 마을까지의 거리, 시간, 비용, 마을의 역사, 지리적 조건, 산업과 산물, 이러한 요령으로 공부를 진행시켜 나가는 방법이다. 이 것은 구체적인 내용을 적립해 가는 방법이므로 이해하기 쉽다. 이렇게 해서 얻은 지식을 교과주의적인 교과, 즉 학문 연구법으로 정리하는 것이 가장 바람직한 순서이다.

그러나, 우리가 알고 있듯이 지금의 어린이들은 초등학생부터 이미 교과주의에 의해 짜여진 교과로 공부시켜지고 있는 현황이다. 이유는 간단하다. 생활주의 교과로는 가르치기도 학생의 성적 평가도 어렵기 때문이다. 불가능 한 것은 아니다. 귀찮기 때문이다. 어린이의 재능을 모든 방면에서 시험해 보고, 가장 가능성 있는 분야를 신장시켜 가며 지식과 경험이 풍부한 인간으로 육성한다. 이런 일을 일일이 하고 있을 수가 없다. 테스트 점수로 판단하는 편이 수월하기 때문이다.

전후 한 시기에 생활주의 코어 커리큘럼이 보급된 일이 있었다. 실시해 본 결과 앞에서 말한 바 있는 소풍의 예와 마찬가지로 교과주의와 비교하여 교사 측에 방대한 지식과 교양이 필요하다는 결론이었다. 소풍이라는 한 가지를 가르치는 데는 전 교과에 걸친 광범위한 학식과 이웃 마을에 대한 구체적인 지식까지 필요로 하기 때문이다. 그러므로 교과서와 교사용 참고서만으로는 참다운 학습을 할 수 없다는 결론이었다.

입시제도가 세계2차대전 후부터 엄격히 실시되고, 부모가 눈앞에 매달린 시험만을 걱정하게 되자, 학교 측은 이것이 다행한 일이라고 워크북을 만들었다. 이렇게 해서 다시 교과주의 전성 시기가 오고, 어린이는 감별되기 위하여 시험 지옥 속에서 매일매일을 고전하고 있다.

그러나, 시험의 악폐를 알면서도 3천 5백만의 인구를 안고 있는 우리 나라는 시험 없이는 앞으로 전진할 수 없는 딱한 교육 현황이다. 그러므로 한 개인의 독립된 어린이에게 할 수 있는 일이란 시험에 대한 저항과 그것을 이겨 나갈 방법을 몸에 익히도록 하는 일이다.

한편, 시험을 이겨 내는 것 이상으로 더 넓은 인생에서의 여러 가지 장애물을 극복하기 위한 플러스 선택을 가능하게 하려면 두뇌세포를 훈련시켜 모든 자극에 민감하게 대응하고 처리할 수 있도록 육성시키는데 목표를 두어야 한다.

46

어버이를 버리도록 권유하는 것이 지금의 교육이다

'양호지환養虎之患'이라는 속담이 있다. 아무리 정성껏 길러도 결국은 짐승이라는 뜻이다. 주인을 해치는 경우도 있다고 풀이한다.

한 걸음 더 나아가서 설명해 보면 물릴 때까지 기른 것은 사육한 주인이라고 할 수 있다.

부모는 아이를 훌륭하게 육성하려고 학교에 보낸다. 아이의 장래를 생각해서 먹고 싶은 것도 참아가며 높은 학자금 마련에 여념이 없다. 교사는 좋은 성적을 따게 하려고 열심이다. 아이가 훌륭하게 되면 자기들도 좋은 수가 생기기 때문이다. 아이의 교육에 어버이가 노력하는 것은 일종의 투자라고 생각하는 사람도 있다. 이것을 「교육 투자론」이라고 한다.

모든 부모가 타산적이라고는 할 수 없으나 아이가 성공하면 그 여록에 남은 여생을 맡기고 싶다고 생각하는 것도 인지상정 人之常情이다. 그러나, 지금의 부모들이 아이들에게 해 주고 있는 노력에 반해 완전히 반대 현상을 가져 온다는 현실은 비극이다.

부모의 투자와 교사의 지도를 받아서 실력을 쌓은 어린이는 그 결과를 평가 받기 위해 대학 진학의 목적지를 서울이나 큰 도시로 삼는다.

전국에는 수십 개의 지방 대학교가 있지만, 고등학교에서 수석 자리를 경쟁할 만한 수재들은 향토를 버리고 서울로 간다. 향토에 남는 자는 남고 싶어서 남아 있는 것이 아니다. 향토에 있을 수밖에 없는 자만이 남게 되는 것이다. 일단 향리를 벗어난 청소년은 다시는 돌아 오지 않는다. 대도시라는 식민지의 주인이 되고 만다.

이 원형을 만든 것은 역사적으로 살펴보면 해방 후의 지식인들이 었다. 지방에서 서울로 올라와서 즉, 향토를 버린 자가 외래 문화를 배우고, 그것이 훌륭한 것처럼 선전하므로 뒤를 이어서 후배들까지 올라오게 된 것이다.

이렇게 해서 유랑민의 가주價住 문화가 도처에 범람해 버렸다.

고향을 등진 사람들 중에 향토의 일을 진심으로 생각하고 있는 자는 한 사람이라도 있을 리 없다. 제법 생각하는 체하는 자도 선거의 득표나 부동산을 목표로 하고 있다는 오해를 불러일으키기 십상이다. 사리사욕의 대상이 되지 않는 한 고향이라는 말조차도 잊어버리고 있다.

고향에 있는 부모는 그래도 믿고 있다. 아들이 언젠가는 돌아와 줄 것이라고……. 그러나, 그것이 허망한 바램에 불과하다는 사실을 알면 아들의 행복을 생각하는 것 만큼 자기 심중의 허탈감을 메꾸려고

48

필사적인 인내심을 갖지 않으면 안 된다. 문화란 이렇게 잔인하고, 교육은 이렇게 황량한 경치 밖에 그릴 수 없는 것일까?

자기가 낳아서 자란 고향, 자기를 길러준 사람들, 함께 자란 친구들, 우리들은 다시 한번 자기 자신의 본래의 모습으로 돌아가 참다운 인간 교육에서 재출발 하지 않으면 마지막 희망까지 잃게 된다.

교육의 근원은 고향의 맛에 있다

아버님, 어머님, 된장이 참 맛이 있었습니다. 곶감과 떡도 맛있었습니다. 숙부님, 숙모님 김밥도 맛있었습니다. 큰형님, 큰누님, 포도주와 사과도 맛있었습니다. 작은형님, 작은누님, 산적과 빈대떡도 맛있었습니다. 또 한결같이 세탁을 해 주신 것도 고마웠습니다. 사촌형님 내외분, 언제나 왕복 차편에 편승시켜 주신 것 참으로 고마웠습니다. 유끼오, 히데오, 요시꼬, 히데꼬 …

(이하 17명의 동생, 조카들 이름을 연서)

훌륭한 사람이 되어다오.

아버님, 어머님, 유끼요시는 이제 너무 지쳐 버려서 달릴 수가 없습니다. 불효 자식을 용서하여 주십시오. 마음 쉴새없이 수고와 걱정을 끼쳐드려서 죄송합니다.

유끼요시는 늘 아버님, 어머님 곁에서 살고 싶었습니다.

50

이 글은 올림픽 마라톤 선수로 한때 이름을 날린 일본 마루다니 유끼요시라는 선수의 유서이다. 이 사람을 자살까지 몰고간 일본 국민들의 기대에 문제가 있다고 당시의 일본 매스컴은 떠들었다.

그러나, 이 유서를 관심있게 읽어보면 그 이상의 문제가 있음을 알 수 있다. 우선, 그가 형이나 누님집에서 맛있게 먹던 향토색 짙은 음식에 대하여 쓰고 있다는 점이다. 육상 자위대 체육 학교에 소속되어 있는 그는 영양 만점의 식사를 하고 있었을 것이다. 배가 고파서 음식의 이름을 나열한 것은 아니다. 향토의 맛을 잊을 수 없어서, 형님이나 누님집에서 먹은 맛이므로 유서에까지 쓴 것이다.

'맛있었습니다.' 라고 한 말 중에는 육친에 대한 모든 감정이 집약되어 있음을 엿볼 수 있다. '고마웠습니다.' 는 말과는 의미가 다르다. 더구나 '사랑하였습니다.' 하고도 다르다. 맛에 배어 있는 유끼요시 선수의 심경을 생각하면 할수록 향토맛이 사람의 마음을 지배하는 중요한 요소인가를 알 수 있을 것이다.

다음에 그는 17명이나 되는 동생들과 조카들의 얼굴을 하나 하나 생각해 가며 훌륭한 사람이 되도록 격려하고 있다. 혈연으로 맺어진 사람의 이름을 전부 불러본 그의 혼은 핏줄에 의한 생명의 연속을 느끼지 않고서는 못 견디었을 것이다.

다시 아버님, 어머님 곁에서 살고 싶었다고 절실히 호소하고 있다. 거기에서 무리하게 단절된 인간의 절규가 들리는 동시에 부모와 자식간의 끊을래야 끊을 수 없는 관계가 있음을 호소하고 있는 대목은 상상을 초월한다. 자기의 출생지를 바꿔 쓸 수는 없다. 인류의 고삐는

끊어버릴 수 없는 혈연이다.

생물학적 관계로 맺어진 부모 자식간이고 형제자매이지만, 단지 그것만으로 인간으로서의 혈연 관계가 성립된다고는 한정할 수 없다. 마음과 마음이 통하고, 집안의 맛으로 맺어진 육친—인생의 가치를 이것 없이는 무無라는 섭리를 인식할 수 없다.

제일 지망만이 인생의 전부가 아니다

　당신의 직업은 무엇인가? 은행에 근무하는 샐러리맨이라고 해도 좋다. 당신은 자기의 전문 지식을 자녀에게 가르쳐 준 적이 있는가? 없을 것이다. 자기 직업에 관한 전문적인 지식을 자녀에게 가르치는 어버이는 없다.

　그것도 교사가 자기 자녀를 교사로 만들 때, 승려가 자식을 수행자로 만들 때도 자기의 전문 지식을 가르치려고는 하지 않는다. 모두 타인에게 맡겨서 교육시킨다.

　이는 생각해 보면 이상한 현상이며 비경제적인 일이다. 자신이 오랫동안 습득하고 경험해 얻은 전문 지식을 자식에게 전수하면 그야말로 자기 뜻대로의 교육이 가능하다. 자기가 이루지 못한 꿈도 자식에게서 완성을 기대할 수 있다. 한 세대에 걸쳐 획득한 것을 전승해주는 이것이야말로 인간 문화 발달의 기초이며 자세가 아니겠는가.

의무교육을 받는다고 한다. 의무교육에 자식을 빼앗긴다고는 생각해 본 적은 없는가? 6년 동안 자식을 부모로부터 빼앗아 국가가 요구하는 자본주의에 순응하는 인간, 부리기 쉬운 인간이 되도록 교육해서는 돌려준다. 사회 규범인 육법六法도 알지 못한 채 내보내서는 스스로 법을 지키며 나라를 움직이고 발전시킬 것을 강요한다.

이렇게까지 의무교육을 고맙게 생각할 필요는 없다. 돈을 들이고 타인에게 맡겨서 하는 교육이라면 돈 때문에 자식을 파는 부모와 비교하여 볼 때 무엇이 다르다고 할 수 있는 것일까?

자격이라는 미끼에 현혹되어 몸도 마음도 내던질 정도라면, 국가는 당신과 당신 자식의 미래의 일까지 생각해 준다고 믿을 수 있는 것인가. 그것은 절대로 있을 수 없는 일이다.

'자격'이 없으면 살아갈 수 없을 정도로 당신 자식은 나약한 존재일까. 왜 자기의 힘으로 살아가도록 교육하려고 하지 않는가?

부모에게 자신감이 없기 때문이다. 자기 생활에 자랑을 가지고 있지 못하기 때문이다. 제1지망의 인생을 거쳐 오지 못했기 때문이다.

제2지망 인생에 자신감을 가지고 솔직하게 자식에게 삶의 모습을 밝혀야 한다. 그리고 자식의 교육만큼은 자기 손으로 되돌려 받으려는 간절한 소망이 노력으로 이어질 때 그 댓가를 기대할 수 있다.

세계위인전을 읽어주는 것이 좋다. 아무런 장해와 목적 변경도 없이 위대한 위인이 되었다는 이야기는 없다. 모두 여러 가지 난관에 부딪치고 전력을 다해서 해결하면 다음 장면이 열린다. 인생은 그 연속인 것이다.

제 2지망 뿐인가. 제 5인생, 제 6인생을 걸어온 위인도 많이 있다. 눈앞의 것만 생각하지 말고, 자신의 전부를 내던지고 앞으로 나가면 잘 익은 성공이란 사과가 있을지도 모른다. 또 바나나가 있을지도 모른다. 그 편이 자신의 기호에 맞아서 미래 지향적인 기쁨이 더 클지도 모르는 것이다.

임시 거주 발상이 자식을 버린다

우리 나라 각지에는 아파트 단지가 눈에 많이 뜨인다. 콘크리트 건물이 모인 단지의 환경은 재래 주택이나 농촌 주택에 비하여 어쩐지 모형같은 서먹서먹한 느낌을 준다. 그러나 접근해 보면 기운차게 노는 아이들과 젊은 엄마가 눈에 띈다. 학교, 유치원, 파출소, 우체국 등의 공공기관이 자리잡고 각종 상점이 경쟁하듯 있고 일상생활을 위한 모든 편의가 갖추어져 있음을 엿볼 수 있다.

한 번 더 자세히 살펴보면 여기에는 생활이 넘쳐 흘러서 그 다음이 이어질 수 없을 것같은 박진감을 느낄 수 있다. 그런데 노인이 거의 없다. 거기에는 묘지가 보이지 않는다. 인구 연령 분포도의 하반분을 잘라 낸 동화 속의 나라와 같다.

살고 있는 사람에게 물어보았다. 10명 중 모두가 여기서 일생 동안 살 생각은 아니라고 확실히 말한다. 그리고 아이들이 크면 조용한 교외에 정원이 달린 자그마한 집을 짓고 한유하게 살고 싶다고 이구동성으로 희망을 말한다.

결혼하고 정원이 달린 집에 살기까지 약 30년 간은 임시 거주한다는 말이다. 인생의 절반, 그것도 최성기 동안을 임시 거주한다는 것이다. 거기에 뼈를 묻을 각오로 살고 있는 사람이 없다. 인생이란 여행이다. 그러므로 주택은 여관에 불과하다고 잘라 버리고마는 것일까? 그렇지 않으면 삶의 사치를 느끼고 있다는 뜻일까?

아파트 단지족의 험담을 할 생각은 없다.

자기가 태어나서 자란 향토를 버리고 서울에 올라와서 외래 문화를 만들고, 그것을 국민에게 밀어붙이는 자기 모순적인 행동을 계속하고 있는 것이 현실이다. 유랑민의 임시 거주문화가 도처에 범람해 있다. 당신 자신의 생활 방법, 자식의 교육과 미래에 대하여 대한민국 국민으로서 생각해 보기 바란다. 한국인으로서 다른 나라에 문화를 빼앗기고 조국이 변질되고, 마침내 정처 없는 한국민이라는 여행 단체가 거대한 여관에서 가숙박 밖에 못한다.

이러한 불행한 일이 없도록 우리는 자녀 교육에 온 힘을 다 하지 않으면 안 된다.

한국인이 만든 것, 선조가 남긴 것을 소중하게 생각하는 국민성을 가르치고 싶다. 그러기 위해서는 무엇보다 먼저 당신 스스로가 임시 거주의 사상을 버려야 할 것이다.

한국의 도道 교육은 최고 교육이다

'아침에 도道를 들으면, 저녁에 죽어도 좋다.'

공자님의 말씀이다. 한국의 옛 교육은 이러한 도 교육이었다. 글씨를 서도書道, 활쏘기는 궁도弓道, 무술은 무도武道라고 했다.

공부하는 것을 도를 닦는다고 한다. 도가 트이면 죽어도 좋다고 했다. 눈앞의 잔 재주를 습득하는 것을 목표로 삼지 않고, 보다 더 절대적인 가치를 향하여 인생을 살자고 하는 마음 가짐이 탐구되었던 것이다.

길이란 사람이 밟아 굳힌 발자취인 것이다. 그 뒤를 지도나 방위 나침반도 없이 선인이 걸어간 대로 걷지 않으면 안 된다. 또 길을 알려면 길 주변의 경치를 알아두어야 한다. 길섶에 나 있는 초목도 알아두어야 한다.

이런 까닭에 도를 구하려면 선인이 행한 일은 무엇이든 하지 않으면 안 된다. 물긷기, 청소하기는 육체 노동이 아니라 예도藝道의 중신中身이라고 한다. 그리하여 제자는 잡무 중에 어느 날 돌연 '깨달음'을 얻는다. 자신의 힘으로 깨닫고 도를 얻는다. 한 번에 스승과 같은 경지에까지 도달해 버린다.

옛날의 교육과 지금의 교육 차이를 생각해 보기 바란다. 지금은 도라고 하지 않고 학學이라고 한다. 체계적 지식이다. 학을 아는 것이 목표이며 깨달음이나 개안開眼을 목표로 하지 않는다.

도를 여는 학습법은 능률이 나쁘다. 백 명의 제자가 있어도 도를 얻는 자는 한 사람 뿐일는지 모른다. 이에 비하여 학은 지, 정, 의 중에서 지知에 호소하는 것이므로 누구든지 어느 정도까지 보조를 맞추어서 이해할 수 있다. 그러므로 동시 수업이 가능하며 능률적이다.

우리 나라는 현재 국민교육이란 기치 아래 능률 일변도의 학교 교육만을 제도로써 인정하고, 누구든지 대학교가 최고 학부임을 믿어 의심치 않는다.

천만의 잘못이다. 교육은 학교에서만 전매 특허인양 행하는 것은 아니다. 교육 내용을 지, 정, 의 세 부분으로 나눈다고 하지만, 유아기는 정, 초등학생은 지가 각각 60 퍼센트를 점유한다. 한편 중학생에서 하이틴이 되면 의가 포인트로 작용하여 다른 둘과의 중층계重層階에 들어가서 자기의 감각으로 얻은 지식을 기초로 하여 인생을 어떻게 살아야 하는가를 생각하는 연대, 이 연대에 가지는 마음과 그 고민에 응하여 의의 극치인 극의極意를 얻게 하는 준비가 학교에는 없다. 지만을 밀어넣으면 학교의 임무는 달성되는 것으로 믿고 행하기 때문이다.

도의 중요성을 알았으면 무엇이든 좋다. 도에 대한 공부를 한가지씩 자식에게도 철저하게 가르쳐서 행동으로 옮기는 학습을 해 주었으면 한다. 당신도 그것을 목표로 하면 어떨까.

학교는 어린이의 정신력을 빼앗고 있다

검도나 태권도 시합을 보면, 기합의 무서움을 느낀다.

자르느냐, 잘리우느냐, 사느냐, 죽느냐의 아슬아슬한 입장에 처해 있을 때 그 명암을 나누는 공백을 기합이라는 정신력이다.

역도 선수가 몇 백 킬로그램의 무거운 바벨을 들어올리는 것도 기합이 들어가기 때문이며, 기합을 넣지 않고 하면 반드시 다치게 된다고 한다.

어느 소설가는 책을 읽을 때 '이 책을 두 번 다시 읽을 시간은 없다. 일생에서 단 한 번 만나는 기회이다.' 라는 각오 속에서 읽었다고 한다. 기합이 들어 있는 것이다.

최근 학교에서는 시험 이외에 긴장할 요인은 그다지 없다. 구령을 부르는 일도 별로 없다. 심각하게 힘을 다 해서 먼지 투성이가 되어 싸움하는 어린이도 없어졌다. 주위가 식어 있는 탓이다. 사물에 열중할 것도 없다.

언제인가 저자가 의욕이 없는 학생들을 상대로 소리친 일이 있었다. "도대체 너희들은 의욕이 있는 것인가. 그렇다면 무엇인가 한 가 지에 열중해야 한다."

모두들 한참 동안을 잠자코 있다가 한 학생이 중얼거리듯 말했다. "열중한다는 뜻을 모르겠습니다."

"그런 바보 같은 소리가 어디 있느냐."고 물었더니, 열중한다는 어감을 모른다는 것이다. 그러니 기합을 알 까닭이 없다.

어딘가, 당신의 등골이 식어옴을 느낄 수 있을 것이다. 타인을 냉정히 바라보고만 있는 방관자는 아닌지, 또 자기 자신에 대해서도 정신과 육체를 통일시킬 수 없는 즉, 혼연일치라는 느낌을 모른다는 것이다. 식물인간이라고 할 수 있다.

자식을 식물인간으로 만들지 않기 위하여 열중하는 법과 기합을 넣는 힘을 가르치면 의지력을 강하게 만들어 줄 수 있다. 그러기 위해서는 자녀가 좋아하는 면을 철저히 훈련시켜야 한다. 시험 성적이 좋은 식물인간보다는 점수는 나쁘더라도, 이것만은 누구에게도 지지 않는다는 목적 의식을 가르치는 편이 중요하다.

또 기합이 들어간 정신력 단련에 스포츠를 시키면 좋을 것이다. 그것도 무도라는 운동이 좋다. 항상 공부하기 전에 심호흡을 하고, '지금부터 한 시간은 산수를 한다'고 부르짖게 한다. 공부를 끝낸 다음에는 '분수 나누기를 할 수 있다!'고 부르짖는다. 이런 방법도 뜻밖에 큰 효과를 기대할 수 있다.

사회 과목에서는 『육법전서』를 가르친다

교과주의 학과는 일부 어른들의 일방적인 생각에서 선택되었다는 것을 말했지만, 교과주의 자체가 아주 나쁘다는 뜻은 아니다. 생활주의의 구체성에는 도저히 미치지 못하지만, 지금의 학과 내용을 어린이를 위해 개선해 볼 필요가 있다.

의무교육에서는 국민이 의무적으로 알고 있지 않으면 안될 내용을 가르치도록 되어 있다. 이것을 염두에 두고 학습 내용을 살펴보면 지금의 사회과라는 과목을 예로 들어보면 알아두지 않으면 안될 내용이 너무 빈약하다는 사실을 알았을 것이다.

법치국가인 우리 나라는 헌법을 비롯하여 각종 법률, 조례 등으로 사회 생활을 규제하고 있다. 그런데 한국에서 살고 있는 한 피할 수 없는 법률을 왜 의무교육에서는 가르치지 않는 것일까?

중학교를 졸업하고 취직하려면 노동법에 대한 지식이 필요하며,

장사를 하게 되면 상법은 물론 형법까지 알아두지 않으면 안 된다

자기 생활의 규범이 되고 절대적인 힘을 가진 법률을 사회과에서 가르치는 것이야말로 의무라고 생각된다. 민주주의, 주권 국민, 평화, 도덕, 개성 존중, 인권 등이 초등학교와 중학교의 교과 내용으로 되어 있어야 하는 것이 아닌가. 학자의 논쟁 용어를 아동에게 주입시켜서 2, 3행의 설명으로 이해를 강요하는 것이 지금의 사회 과목이다. 공허한 개념을 취급하는 사회과는 '육법과'로 자리를 양보해야 될 것이다.

6년간이란 의무교육 기간을 만들어 놓고서도 법률에 무식한 국민으로 육성하는 우리 나라 교육 정책은 재고할 필요가 있다고 본다.

사회 과목은 인간의 사회 성립과 조직을 가르치는 것이라고 하면, 인간 관계의 기본은 어째서 가르치지 않는 것일까? 가장 중요한 밀접한 부부 관계, 부모와 자식 관계, 연인 사이, 친척, 회사, 조합, 시골과 도시, 어업, 공부원 등 사랑을 통한 인간 관계, 정치를 통한 인간 관계, 경제를 통한 인간 관계가 왜 거론되지 않는 것일까?

그러나 현실은 우리 모두가 알고 있듯이 불분명하고 이율배반적인 실정이므로 학교에서 가르쳐야 할 사회 과목의 골자를 부모가 가르치지 않으면 안 된다고 하지만 어렵게 생각할 필요는 없다.

당신들 부부가 만나 결합해서 현재에 이르기까지를 상세히 설명해 준다. 서로의 조상, 친척, 형제, 근무처, 친구 등에 대하여 상호 관계와 그 사이의 사건 등을 상세히 설명하면 누구든지 근대 이후의 역사와 사회, 거기에서 살던 사람과 지금 살고 있는 사람에 대하여 말하

게 된다.

　여기에는 자연히 부모의 지식도 요구된다. 아마도 『육법전서』만으로는 충분하지 못하여 역사책, 지방사地方史, 백과사전 등이 필요하게 될 것이다. 실제로 데리고 가서 보이지 않으면 안 되는 곳도 나올 것이다. 이것이 바로 올바른 사회 과목인 것이다.

교과서는 칼라 만화잡지로 하라

의무교육은 무상으로 한다.

무상이라고 헌법에서는 법률로 정하고 있지만, 실은 세금으로 충당하고 있는 것이다.

이 무상이란 말, 즉 '거저' 라는 말은 주문呪文과 같이 우리들 뇌리에 깊숙히 차지하고 있어 불신감마저 준다. 그 증거로 교과서를 보면 알 수 있다. 빈약한 교과서라고 생각될 것이다.

세금을 내고 사 주는 '손님에게 읽고 싶은 의욕을 일으키는 책' 이라곤 할 수 없다. 그러므로 어린이가 즐겨 읽을 수 있는 교과서를 만들어야 하겠다. 중요한 것은 어린이가 흥미를 가지고 교과서를 바르게 이해해 주어야 비로소 그 가치를 인정할 수 있다.

교과서 편집자는 어린이가 즐거워 하는 만화책이나, 잡지, TV프로를 전혀 보지 않고 있는 것이 아닌가. 오늘날 정보화 시대에 신속하게 받아들이는 자를 무시한 정보 제공법을 본 일이 없다. 그것은 좀더 심각하게 어린이를 위한 교육을 생각지 않는다는 증거이다. 교과서 편찬은 만화책이나 잡지 편집을 하고 있는 젊은 편집자들에게 만들도록 해야 할 것이다. 만화 애독자였던 그들은 TV 스위치를 넣은 채 어린이가 흥미를 가질 수 있는 교과서를 만들 것이다.

국정國定이라는 제도가 특정업자의 이익을 확보하는 형식이 되므로 손님어린이에게는 등을 돌리고, 문교부 담당자들의 뇌세포에 맞춘 내용이 당당하게 통용되고 있다. 손님의 입장에서 상품의 개선을 요구하지 않으면 안 된다. 참으로 어린이를 생각한다면 그것이야말로 월간 만화 잡지처럼 아름다운 색도로 인쇄된 매력있고 신선한 정보를 제공할 결단이라도 내려야 할 것이 아닌가. 또 교과서와 노트는 별개라고 생각하는 방법도 버려야 한다.

만화로 설명한 산수 교재의 뒤에 그 3배 정도의 스페이스로 문제 연습을 하도록 하면 된다. 이해가 더 잘 됨은 틀림없다. 산수 문제라고 해서 숫자로 답하는 것이 아니라 만화 인물로 그려 넣는다든가, 회화적으로 단어를 메꾸는 형식으로 내용을 꾸민다면 어린이도 흥미를 가지고 재미있게 공부할 수 있을 것이다. 교과서의 편향 문제보다 이 편이 기본적인 문제가 될 것이다. 거저라고 해서 시공품試供品과 같은 교과서에 만족할 문제가 아니다.

무경쟁 교육은 어린이를 나약하게 만든다

어느 교육자가 신문에 "우리 나라 교육은 경쟁 원리에 휘말려 들고 있다. 인간은 본래 게으른 존재이므로 경쟁으로 분발시켜야 한다는 경쟁 교육은 바람직하지 않다. 호기심과 탐구심이 발동하는 조건을 만들어 주면 어린이는 스스로 판단하여 무분별한 행동을 한다."라는 의견 발표가 있었다.

읽어보면 그럴 듯한 생각이 든다.

몇몇 초등학교, 중학교 학부모에게 신문 논조에 대한 감상을 들어보았다. 모두들 똑같이 경쟁 교육은 좋지 않다고 한다. 당신은 어떻게 생각하는가?

참으로 무경쟁 사회가 된다면 일류 대학을 나왔다고 해도 특별한 평가를 해 주지 않을 것이므로 일류 대학을 지망할 자는 한 명도 없을 것이다. 그런 사회가 된다면 열심히 공부할 학생이 과연 몇 명이나 있을까?

이러한 사이비 교육론이 당당히 통용되고 있는 것이 우리 나라 교육의 현장이다. 경쟁 교육이 나쁘다고 하는 것은 무경쟁 교육으로 해야 된다는 주장일 것이다. 호기심과 탐구심이 발동하는 조건을 만든다는 것은 교육적인 방법이다. 경쟁 교육이냐 무경쟁 교육이냐 하는 교육의 형태와는 다른 범주의 것이다.

다윈은 생물의 세계에서 자연 도태를 논하였다. 인간도 예외는 아니다. 낳아서 죽을 때까지 인간 행위는 '만남'과 '선택' 이외의 아무것도 없다.

인간의 집합인 사회도 여러 가지 형태로 개인과 만나고 사회가 요구하는 인간을 선택하여 가는 과정의 흐름이다. 당신이 결혼하여 가정을 갖는 것도 선택한 과정이고 격렬한 경쟁에서 이겨 냈기 때문이다.

경쟁 교육이 나쁘다는 것이 아니라, 그 방법이 나쁘다는 뜻이다. 그러므로 한 초등 학생이 친구의 죽음을 적의 죽음이라고 기뻐했다는 등의 일이 생기는 것은 우연이 아니다. 빠른 자가 앞서 간다는 경쟁의 원리와 느린 놈은 죽는다는 전쟁의 원리를 잘못 알고 있기 때문이다. 무경쟁 교육을 운운하는 환상의 원리에 휘말려서는 안 된다.

힘을 다해서 경쟁하고 실력에 따라 입장이 결정된다. 이것이 경쟁 사회다. 이것을 체험적으로 알리기 위해서는 예를 들어 어린이를 실력 밖에 통용되지 않는 운동부에 넣는 것도 생각해 볼 필요가 있을 것이다.

강한 자는 이기고, 약한 자는 진다.

모두가 경쟁이다. 그러나, 어린이들은 승부를 초월해서 진정한 우정도 갖는다. 경쟁만이 나쁜 것은 아니다.

몸가짐에는 예의보다 법률을 가르친다

어린이 교육에는 학교 교육과 가정 교육이 있다. 가정 교육에서는 무엇을 가르치는가?

강연회에서 이런 질문을 하면 대답은 정해져 있다. 가정 교육이란 몸가짐을 가르치는 예절이라고 설명한다. 그러면 몸가짐이란 무엇인 가? 인간이 사회에서 살아가기 위해서 지켜야 할 법칙이다. 가정에서 의 법칙이라면 가정 교육의 역할이지만, 사회의 법칙이라면 왜 학교 에서는 가르치지 않는가.

이렇게 반문하면 어느 부모들이나 모두 당황한다.

몸가짐은 인간의 모든 면에 있어서의 행동의 형식화라고 할 수 있 다. 그것은 알맹이가 아니고 형식인 까닭에 속으로는 '나쁜 놈'이라 고 생각하면서도 웃는 표정으로 인사하라고 가르친다. 한편 감정이 나 생각이나 욕망을 겉으로 나타내지 말고 일정한 형식에 맞는 행동만 하면 된다고 요구한다.

프랑스에서는 신부 학교를 퓌니싱 스쿨〔최종학교〕이라고 부른다. 여성이 한 인간으로서의 성장이 끝나고 결혼 후부터는 틀型대로만 행동하면 살아갈 수 있다는 뜻이다.

또 이 형식은 사회 통념으로 정해진 약속이므로 시대와 사회에 따라 다를 수가 있다. 선물을 받았을 때 열어보지도 않고 "훌륭한 물건을……"이라고 답하는 말은 해방 전의 인사였고, 지금은 보는 앞에서 꺼내보며 "이렇게 훌륭한 물건을…"하고 인사를 건넨다.

상대방에게 어느 만큼 정성을 쏟아서 인사를 할 것인가 하는 내부적인 문제가 아니라, 어떤 형식으로 하는가 하는 외부적인 문제다. 그러므로 만능 인간이 되어 사소한 문제에 부딪쳤을 때 거기에 대처하는 방법을 배우지 않으면 행동을 못한다. 또 어느 시대, 어느 나라의 상식으로 밖에 사물을 볼 줄 모르므로 유연성 있는 빠른 몸가짐이 결여되어 있다. 두뇌세포를 사전辭典에 비한다면 내용 속의 본문은 없고 색인표뿐이라는 것이다.

예절은 사회 생활상의 약속이므로 몸가짐의 배움은 학교 교육의 큰 기둥이어야 한다. 그런데 예절을 공부할 때의 몸가짐으로 지도하고 있다. 어린이를 딱딱한 의자에 묶어 놓고 조교調敎 노릇을 하고 있을 뿐이다. 어째서 학교 의자를 푹신하고 쾌적한 것으로 하지 못하는가 하는 의문을 가져본 적은 없는지, 가정에서 바른 몸가짐을 가르칠 시간이 있으면 『육법전서』를 가르칠 일이다. 구체적인 행동의 규칙과 벌칙이 망라되어 있기 때문이다.

그리고 몸가짐으로서는 목숨을 중요시하는 것 만을 가르치면 된다. 도로 횡단에 대한 주의, 복도를 달리다가 충돌하지 않도록 하는 질서 같은 가벼운 규칙 말이다. 그런 것 이외는 전혀 불필요하다. 그런 후에 상대편 기분을 알아채는 통찰력을 길러주면 저절로 사회적 인물로 발전되어 나갈 것이다. 필요하면 새 형식도 만들어가는 성숙한 모습도 보여줄 것이다.

어린이에게 억울함을 기억시켜라

어린이가 교실에서 싸움을 하면 곧 교사가 달려온다. 중재에 들어가서 싸움의 시초부터 다시 한 번 재연시킨다. 이렇게 하면 먼저 손을 댄 상대가 누구라는 사실을 알게 된다. 결과는 손을 먼저 댄 측이 할 말이 없는 입장에 놓인다.

확실히 누가 봐도 납득할 수 있도록 해결 짓는 것은 좋은 일이다. 그러나 싸움이라는 행위를 '폭력 부정'이라는 형식으로만 처리해서 좋은 것일까? 싸움을 걸은 측에는 걸은 이유가 있고 받은 측에는 받은 이유가 있을 것이다. 옛날에는 모두들 그렇게 생각했으므로 싸움을 먼 곳에서 바라보던가 혹은 그 싸움에 가세해서 뛰어들었던 것이다. 그리고 힘이 지치면 어느 편이라고 할 것 없이 그 자리에서 화해하여 그 이전보다 더 사이가 좋아진다.

지금의 싸움은 절대로 손을 대지 않는다. 한 번이라도 손을 대면 상대편 부모가 무서운 모습으로 교사와 어린이에게 물고 늘어진다. 학교 교육에까지 문제화되는 것은 흔한 일이다. 그러므로 어린이도 알아차리고 여간한 일로서는 손을 대지 않는다. 입으로만 해댄다. 평화적 해결이라고나 할까.

그러나 인간이 전진하는 원동력으로서 호기심이나 사랑 같은 것이 있지만, 분노와 억울함도 잊어서는 안 된다. 과거의 역사를 보더라도 전쟁이 있은 뒤에 질서가 재편되고 문화가 진보되는 과정 속에 인간의 능력이 신장되어 왔다. 생존의 위기 이상으로 강하게 인간을 앞으로 밀어주는 또 다른 에너지가 생성되기 때문이다.

이유가 통하지 않는 것이 이 세상에는 많다. 그 해결에 법률이나 이성에만 의뢰해서 좋을 것인가.

도대체 법이란 법률 자체가 힘의 뒷받침이 되었을 때 비로소 효과를 나타내는 것이 아닌가. 어린이 성장의 원동력으로서의 억울함을 양성하기 위해서라면 때로는 부모의 입장에서 자식에게 이유가 통하지 않는 부당한 요구를 강요할 필요가 있다. 그것이 사회에 적용시키는 한 가지 방법이다.

제 2장
이런 부모가 자식을 '반쪽인간' 으로 만든다

때로는 어린이가 되어보는 것도 엄마에게는 양육에 도움이 된다. 부모가 어린이의 입장이 되어서 동심으로 주위를 살펴보면 이상한 일이 많다는 것을 곧 알 수 있다. 어린이가 호기심 덩어리라는 것도, 그것을 시험해 보고 싶어한다는 사실도 깨닫게 된다. 어른은 동심의 세계가 장난 같은 하찮은 것으로 보지만, 어린이에게는 그것 없이는 세상을 이해하지 못한다.

좋은 것은 확실하게 의사 표시를
할 수 있게 하라

집에 돌아오면 자녀는 반드시 무엇을 달라고 한다. 우리집 아이도 그렇다. 그런 아이의 엄마들은 생각을 다시 해 주었으면 한다.

현세를 초월해서 미래를 개척해 나가려는 아이가 "무엇 주서요." 만으로 자기가 좋아하는 것을 명확히 표현 못해도 좋은가? 도대체 '무엇을' 달라는 무엇이란 어떤 것을 뜻하는 것인가?

식사 때 가장 좋아하는 반찬을 아껴서 나중에 먹는 아이가 있다. 옆의 형제들에게 빼앗기든가, 멍청하게 굴다가 떨어뜨리기도 한다. 이런 어린이는 크면 애인도 빼앗길지도 모른다.

약삭 빠르지도 못하고 '순한 아이'는 남에게 떨어진다. 그것 뿐인가. 유치해서 타인의 지배에 순응하지 못한다. 좋은 것을 확실하게 의사 표시를 할 수 있게 대뇌활동의 적극성이 필요한 것이다.

바나나가 좋으면 "바나나 주세요." 하고 말하지 못하는 것은 "솟은

못은 때려 박는다."는 뜻을 알고 있기 때문이다.

당신은 어린이가 수박이 먹고 싶다고 했을 때 저렇게 비싼 것은 살 수 없다고 한 적은 없는가. 자기의 생각대로 물건이 손에 들어오지 않는다는 것을 알았으므로 단념하고 또 다른 무엇인가를 달라고 조르게 되는 것이다.

좋아하는 것을 확실하게 말하도록 한다. 항상 기대를 달성하지 못한 아이는 자기의 희망을 던져 버리듯이 좋지 않은 습관에 길들여지기 쉽다.

다음과 같은 이야기를 부부 사이에 교환한 적은 없는가를 생각해 보기 바란다.

부인 : "오늘 저녁 반찬은 어떤 것이 좋겠어요?"

남편 : "음, 아무거나 좋아. 적당히 만들어 줘."

레스토랑에서 식단표를 보며 말한다.

남편 : "당신 무엇을 주문할 꺼야?"

부인 : "아무거나 좋아요. 당신과 같은 것으로 해 주세요."

부부 관계가 이래서는 자유로이 의사 표시를 할 수 있는 자식은 육성되지 않는다.

자식의 교육을 생각하는 것은 좋은 일이다. 그러나 위의 예에서 보는 바와 같이 부모가 미처 의식 못하고 '나쁜 본보기'를 보여 주면서 교육 이론만 휘두르고 있는 일이 의외로 많음을 엿볼 수 있다.

전형적 주부 모습의 엄마는
바보 취급 당한다

「산에서 피살된 시체로 발견된 피해자는 주부 차림을 하고 있음.」
신문 3면 기사에서 이런 제목을 발견할 때가 있다.

전형적인 주부 차림을 하고 있는 피해자는 시장에서 갓 돌아온 머리 모양은 산발인 채 평상시의 옷 그대로 꾸밈새 없는 30~40세의 여성으로 상상된다.

아름답다든가, 매력이 있다고 하는 뉘앙스가 없는, 우리들이 쉽게 연상하는 주부 차림이다. 생활에 쫓겨서 몸단장을 잊어버리고 때로는 이상할 정도로 변신하는 가능성도 없지 않다. 그리하여 남편은 저녁 때가 되어도 곧바로 귀가하고 싶은 매력도 없다.

어린이에게 있어서도 이러한 생각은 같다. 엄마가 전형적 주부 이외의 별다른 존재가 아니라고 하면, 무엇을 기대할 것인가. 간식과 용돈 그것뿐이고, 그 이상의 것은 바랄 수 없는 생각을 갖게 된다.

이래서는 안 된다. '엄마는 노래를 잘 한다. 그림도 잘 그린다. 영어도 알고 있다. 테니스와 스키 선수였단다.' 하고 자식들이 자만할 수 있게 되지 않으면 안 된다.

어머니 자신이 무엇이든 할 수 있는 가능성을 갖지 못하면 남편에 대해서도 자식에 대해서도 하찮은 존재가 되어 버린다. 더군다나 가능성이 없는 어머니 밑에서 완전한 두뇌교육 따위는 이루어질 수 없다.

의식주 뒷바라지만 하면 어머니이고 아내의 책임을 다 했다고 통용되던 시대는 지나갔다.

우등생이 사회에 나가서 통용되지 못하는 것처럼 남편에게 맹목적인 순종, 자녀에게 상냥함만으로는 안 된다. 플러스 알파의 매력이 없으면 남편한테도 자녀한테도 무시당하게 될 것이다.

그럴려면, 어머니 자신이 '이것이야말로 내 생명이다.' 라는 취미를 가져야 하겠다. 거기에 몰두하려고 하면 집안일을 합리적으로 꾸려갈 수 있도록 연구하여야 한다. 다음 그 취미에 몰두함으로써 평상시의 에프론 자세에서 상상 못할 박력을 자녀에게 보여주게 된다.

자녀와의 대화도 취미를 통해서 말하면 구체적이고 알기 쉽다. 만약 자녀도 같은 취미를 가진다고 하면 이것만큼 바람직한 교육 환경은 없을 것이다. 바로 지금의 내가 전형적 주부꼴은 아닌가 다시 한 번쯤 반성해 볼 필요가 있음직하다.

증조부의 이름을 모르는 부모는 실격이다

세미나에서 다음과 같은 상식적인 질문을 해 본다.

"양친의 이름을 아는 사람은 손을 들어주시오."

하면 웃으면서 전원이 손을 든다.

"할아버지, 할머니의 이름을 아는 분은?"

하고 물으면 약 절반 밖에 손이 안 오른다.

"그러면 증조할아버지, 증조할머니의 이름은?"

하고 물으면 한 사람도 손이 안 오른다.

"자, 그러면 여러분도 앞으로 백 년만 지나면 기억하는 사람이 하
나도 없겠지요."

라고 말하면 모두가 슬픈 표정을 짓는다.

참으로 슬픈 일이다. 사랑에 의하여 연결되는 인간의 역사가 3대
를 거슬러 올라가지 못하고 잊혀지고마는 인간의 사랑이란 이렇게

허무한 것일까? 또 선조와 우리들을 연결하는 인연의 실은 이렇게 가느다란 것일까?

바로 3대 선조의 이름조차 알지 못하는 사람이라면 선조가 한 일은 더욱 모른다. 이런 사람들은 자기 나라의 역사는 물론 이웃나라 역사도 모르기는 마찬가지다. 국사, 세계사도 자기와의 연결이 없다.

자기의 성장을 알려고 하지 않는 부모가 자식에게 무엇을 바랄 수 있을 것인가. 자식에게 자기의 일을 손자에게 전해 주기 바란다고 할 것인가? 어떻게 진실을 찾는 공부를 하라고 할 것인가?

인간을 바르게 이해하고 인격과 개성을 존중하면서 보다 나은 사회를 만드는 사람이 되라고 말할 수 있을 것인가?

당신도 역사의 저쪽으로 금방 증발되어 버리는 것이 싫으면, 지금 바로 가계도家系圖를 만들고 자식들에게 자신의 선조에 관한 일들을 말해 주면 좋은 가정교육의 한 면을 보여줄 수 있다.

증조할아버지는 동학東學에 가담해서 활약하였다든가, 할아버지는 3.1운동 때 왜경 총탄에 맞아서 부상당하고 3년간 감옥살이를 하였다든가를 말해 주면 자녀들은 눈을 빛내며 열심히 들을 것이다. 자랑스런 선조는 핏줄이 이어진 사람으로서 자식들의 뇌리에 살아 계승될 것이다.

당신 자신의 것으로부터 시작된 가족의 역사를 밝혀 둘 것을 권유한다. 자기의 출생에서부터 현재까지를 써 내려가면 된다. 부모의 역사는 자녀에 있어서 최상의 인간 교과서이다. 당신이 자녀에게 해 줄 수 있는 일의 절반은 이와 같은 가정의 역사 안에 들어있기 때문이다.

아버지는 자식들과 대작을 하라

저녁 반주로 대작을 해 가며 아버지는 자식에게 술을 권해 본다.

"어떠냐, 한 잔 할까?"

"아이들에게 웬 술을 먹여요?"

엄마가 불평한다.

어린이에게 술은 좋은 식품은 아니다. 그러나 막연히 어른들이 하는 모양을 흉내 내고 싶어하는 어린이에게 있어서 술을 마신다는 것은 호기심의 동경이다. 한두 잔 마시자 묘한 기분에 빠져 유쾌한 분위기 속에서 상기된 얼굴로 떠든다.

어린이가 술을 마시면 안 된다. 물론 많이 마시면 의학적으로 나쁘다. 하지만 그런 테두리 안에서의 생활만으로 창조력은 신장될 리없다.

때로는 술을 한두 잔 마시고 '취기'를 아는 것은 교육학적으로 보아서 대단히 중요한 체험이라고 생각된다. '취함'이라는 감각은 인생에 있어서 바로 윤활유와 같은 역할을 해 주는 것이며, 융통성 없는 인간의 감정을 원활하게 만드는 역할도 한다.

갓난아기 때는 요람, 유아기에는 그네를 좋아한다. 흔들린다는 감각은 안정되지 않았으므로 약간 불안하다. 그러나 뭐라고 표현할 수 없는 기분이다.

어른들은 흔들림 대신에 '취함'에 몸을 의탁한다. 술 뿐만 아니라 일에, 노래에, 사랑에 취하는 것이다. 취함으로 해서 자기 자신을 몰두시키고 그 속에서 인생의 무엇인가를 붙잡으려는 심리적 해방감을 일시적으로 느낀다. 인생이란 흔들리는 것이며, 정지함은 묘지墓地 밖에 없다.

취함을 모르는 사람은 인생이란 여정에서 아무 것도 붙잡을 수 없다. 무엇엔가에 몰두하고 자기를 잊어버리는 것이며, 마음 속 깊이 내재해 있는 것을 엿보는 기회를 가진다. '취하게 한다'는 것에 축제가 있다. 어느 미개한 민족이라도 축제라는 행사를 가지고 있다.

사람들의 마음을 하나로 녹여 버리는 힘이 있다는 것을 알고 있기 때문이다. 한 가지 일에 미치지 않으면 대성 못한다고 하는 강변도 이 취함을 말하는 것이다.

자기를 집중시키고 몰두하고 취할 수 있다는 것, 비로소 비약적인 대뇌 활동의 전개가 생기는 것이다.

값싼 향수를 바르는 엄마는
자식을 버리게 한다

엄마를 떠올리면 나프탈린 냄새, 아빠하면 담배 니코친 냄새를 연상하는 느낌을 갖는 사람이 많을 것이다. 친하면 친한 만큼 그 사람을 생각할 때는 그리운 냄새까지도 함께 생각하게 된다.

반대로 어떤 사람을 기억 속에 떠올리더라도 그 사람 특유의 냄새가 함께 생각나지 않는다면, 정말 친한 사람이라고 할 수 없다. 왜 그럴까?

'Learning by doing'(…하는 것으로 배운다)라고 하는 서양의 경험주의 교육은 그 기반을 수렵생활에 두고 있다. 획물獲物을 멀리서 발견하고 동물의 소리를 들어 판별하는 능력을 요구하였다. 그러므로 교육의 기반도 눈과 귀에 두고 있다. 이를 시청각 교육이라고 한다.

그러나 동양은 농경생활을 기반으로 하는 실학주의實學主義를 근간으로 하고 있다. 눈과 귀뿐만 아니라 촉각이나 미각이 보다 중요시

되고 자연과 공존하는 가운데에서 살아왔다. 그러므로 냄새에 대해서 동양에서는 향香을 듣는다고 말한다.

서양에서는 체취를 지우기 위해서 향료를 연구했다. 자연은 정복해야 된다고 생각한 것이 서양의 육식肉食 문화였다.

그러므로 채식을 중심으로 하여 자연을 친구라고 생각했던 동양사람은 냄새라는 무언의 속삭임을 들을 수 있는 능력을 몸에 지닌 것이다. 중요하게 간직해야 될 정신 유산이다.

이 냄새에 대한 감각도 그 6할은 1살부터 4살 사이에 형성된다고 한다. 이 시기에 기억하는 냄새는 그 아이의 생애에 걸친 감각의 기본이 된다고 한다.

지금 당신이 바르고 있는 향수가 자녀들의 냄새에 대한 감각을 좌우한다는 사실을 명심해야 할 것이다. 값싼 향수를 맡으며 자란 어린이는 성인이 되어도 값싼 향수를 바른 여성을 연인으로 갖게 된다. 그렇다면 향수는 되도록 고급을 쓸 것이며, 이것이 당신 자신의 품성을 높이고 감각 교육의 기초가 된다고 생각하면 싼 가격이라고 할 수 있을 것이다.

아스름한 냄새 속에 느끼는 품성이야말로 말로는 표현할 수 없는 교양이 엿보이는 향기다. 싸구려 향수로 육성된 어린이는 어른이 되어 사회적 지위를 얻더라도 벼락 감투 정도에 불과하다.

엄마는 연애시절에 시인이었다는 것을 기억하게 하라

물방울

비가 그친 뒤
담장 위에
달팽이가
나란히 있었습니다.
그러나 자세히 보았더니
반짝이는 물방울이었습니다.
하나, 또 하나
웃으면서
떨어져 갔습니다.

어린이는 시인이다. 보는 것 모두에 흥미를 가지고 그것을 그대로 시의 세계에 녹여 넣는다. 더럽히지 않은 맑고 깨끗한 눈동자에 비치는 세계란 아름답고 환상과 낭만에 가득 찬 세계다. 소중하게 여겨야 한다.

어른은 수많은 경험을 쌓아왔다. 그 경험 덕분으로 사회의 풍파를 넘을 수 있는 방법을 몸에 지닌 대신 감수성을 잃어버린다. 그러나, 가사와 육아에 지친 나머지 시와 같은 감성의 세계와는 인연이 멀다고 생각하는 엄마도 연애시절에는 시를 쓰고 별을 동경하는 젊음을 살고 있었을 것이다. 하기야 그 때는 아이가 없었지만, 지금은 아이가 있으니 시의 세계는 없다!

한번 더 그 때의 감동의 세계를 상기해서 아이들과 같이 시의 세계로 돌아가야 한다.

우리 집의 맛은 가족 전원이 만든다

　　인스턴트 식품의 범람에 가정의 맛이 차츰 사라져가고 있는 것은 유감된 일이다. TV에서 쉽게 정보를 얻은 인스턴트 식품으로 배가 부르다. 이렇게 육성된 어린이가 지금은 대학생이 되었지만, 생각하는 방법도 인스턴트로 되어 있다.

　　책을 읽을 때도 끝장의 해설 부분을 읽으면 이미 전부를 아는 것처럼 된다. 말을 하더라도 예스냐 노우냐 만을 문제로 하고 중간은 생략해 버린다. 자기 집 특유의 맛이 없는 가정에서 자란 인간은 언제까지나 인스턴트 라면 정도의 '3분간 사고 인간'에 불과할지도 모른다.

　　내가 아는 어떤 주부는 카레라이스 밖에는 음식을 못 만든다. 그러나, 그 카레라이스의 맛은 실로 일미라고 한다. 그 이유를 들어보면 아이가 좋아하니까, 이것만은 손을 떼지 않도록 재료 구입에서부터 신경을 쓰고 김치도 직접 담근다고 한다. 이 마음가짐이 참맛을 만들게 하는 비결이다.

음식을 만드는 엄마의 뒷모습을 보며 방 안에까지 퍼져 있는 냄새를 맡으며 기다리는 우리 집 특유의 분위기는 몸 안에 영양을 주는 동시에 마음에도 영양을 공급해 주는 행복의 맛이다.

인간으로서의 기초를 다지는 유아기, 소년 소녀기를 보내며 우리 집 특유의 맛을 일깨워 주는 냄새야말로 완전한 두뇌교육과 직결되는 감성의 길이다.

그러나 우리 집의 맛, 엄마의 맛은 접시 위에 담은 요리만을 가리키는 것은 아니다. 맛을 볼때의 그윽한 가정의 분위기 역시 빠지지 않고 기억되는 아름다운 시간의 순간들이다. 가족이 함께 즐겁게 대화하면서 식사하던 그 때의 맛은 미각뿐만 아니라 나누던 대화와 본 것, 스친 것, 맡은 냄새 등 5감 전부를 합해서 이르는 말이다.

주부는 자기의 손만으로 엄마의 맛을 창조한다고 생각한다면 큰 착오다. 또한 아빠는 자기와는 관계없이 자녀만이 기억하는 맛이라고 생각해서도 안 된다.

아빠의 솔직한 감상이 엄마의 손길을 거쳐 상찬으로 훌륭한 음식의 맛보기가 되어 아이들에게 전해지는 것이다.

그러한 우리 집 특유의 맛을 반드시 만들어야겠다. 그런 가정에서 삶의 맛을 음미할 수 있는 참인간이 육성되는 것이다.

부모 없는 어린이는
응석을 부리지 않는다

"우리 집 아이는 너무 응석을 부려서 여간 곤란하지 않아요. 어떻게 안 될까요?"

예절 상담 때 빠지지 않는 질문 중의 하나다. 나는 이럴 때면,

"당신이 그렇게 바라고 있으니까, 당연하지요."

라고 말해 주면 그 엄마는 깜짝 놀라며 부인한다.

"천만예요. 응석하는 아이가 되지 않도록 호되게 다루어 달라고 아빠에게 부탁할 정도인데요."

"그렇다면, 반 나절 동안 어린이 혼자 있도록 내버려 두시오. 혼자일 때 어떻게 하고 있는가. 그래도 응석을 부리는가를 살펴보면 알 것입니다. 아무도 없으면 응석을 부리지 못할 것입니다."

이것만으로도 알 수 있듯이 응석하고 싶은 어린이와 그것을 받아주고 싶은 부모가 있으므로 해서 응석부리는 아이가 있게 된다.

그 증거로 부모 없는 아이들 중에 응석부리는 아이는 없다. 응석을 받고 싶은 부모는 자신이 그렇게 생각하고 있다는 것을 알고 있지 못할 따름이다. 사랑하고 있다는 막연한 생각 때문에 아니면 아이는 어리고 약한 존재이므로 비호하지 않으면 안 된다는 강한 본능이 작용했으리라.

아이를 응석받이라고 여기는 부모라면 자신이 응석을 받아주는 어버이라는 태도를 반성하고, 응석을 받고 싶은 기분을 버리지 않는 한 응석의 관계는 지워지지 않는다는 사실을 잘 알아두어야 할 것이다.

어린이의 성격은 말을 배우듯이 일생 동안에 몇번이고 반복된다. 사람과의 만남에 의하여 성립되는 것이다. 물론 부모의 영향이 가장 크다.

낯가림, 집안대장, 허영쟁이, 변덕쟁이, 울보 등등 만약, 자기의 자녀가 그렇다고 생각하는 부모가 있다면, 이렇게 말해 주고 싶다. 당신 자신이 그와 같은 성격을 지니고 있지 않는가? 정도의 차이는 있을지 모르나 혹시 자신은 아무런 생각도 없다고 하는 사람도 자녀가 그런 성격을 나타냈을 때 무의식적으로 허용한 적이 있을 것이다. 한편 어린이가 그렇게 될 기회를 본의 아니게 제공한 일도 있었음을 부인하지 못할 것이다.

부모의 생활 태도에 대해서 스스로 심각하게 생각하지 않으면 자신의 손으로 자녀의 장래를 어둡게 만들어 주는 결과를 초래한다.

아버지가 솔선해서 말하는
분위기를 만들라

　사람들 가운데는 운이 나쁜 자가 있기 마련인데, 빵을 떨어뜨리면 언제나 버터를 묻힌 쪽이 바닥에 닿게 만드는 사람이 있었다. 어느 날 친구와 레스토랑에 들어가서 식사를 하는 중에 그 전처럼 빵을 떨어뜨렸다. 그런데 웬일일까? 버터를 묻힌 쪽이 위에 있는 것이다.

　"야! 재수가 텄다."

　기뻐하는 그 사람에게 친구가 말해 주었다.

　"빵 뒤쪽에도 버터를 묻혔거든."

　그 사람은 낙심해 버렸다.

　어느 형제가 굴뚝 속에 들어가서 청소를 하고 밖으로 나왔을 때 형은 그을음으로 얼굴이 새까맣게 되었지만, 동생은 조금도 그을리지 않았다. 누가 먼저 세수를 했을까?

　정답은 아우였다. 형은 동생의 얼굴이 깨끗한 것을 보고, 자기도 그럴 것이라고 생각하고 씻지 않았다. 동생은 검은 형의 얼굴을 보고 자기도 그럴 것이라고 생각하고는 얼른 씻었던 것이다.

이것은 '유태인의 유머'라고 해서 유태인들은 아버지가 전승자가 되어 아들에게 들려주는 전통적 습관이 있다.

유태인이라면 최소한 5백개 쯤은 알고 있다는 유머를 자녀들은 몇 번이고 들어가며 외운다. 그리고 그들이 커서 부모가 되었을 때 같은 모양으로 자기 자식에게 들려준다.

유태인들의 유머는 '발상과 이론의 전환' 놀이이다.

평상시와 같은 숙달된 이론으로 생각하려고 하면 뜻밖의 곳에 결함이 있어서 착안점을 바꾸지 않는 한 풀 수 없는 문제가 되고 만다. 여기에 유태인들 가운데 유명한 과학자나 상인이 많은 비밀이 있다.

예를 들면 소련에는 유태인이 전 인구의 1퍼센트 밖에 없는데 소련 과학자들 5퍼센트는 유태계라고 한다. 소련의 교육은 민족적인 우열이 아니라, 가정교육의 차이에서 이루어졌다는 결론이다.

가정교육의 위대함과 동시에 그 질의 중요성을 통감케 하는 좋은 예라고 할 수 있다.

대화가 없는 가정, 어버이가 자식들에게 전해 줄 것이 없는 민족이라면 얼마나 불행한 일인가. 한국의 아버지들도 한국인의 유머를 50개나 60개쯤 창작해 두어야 할 시대라고 생각된다.

세 시간 정도의 가출은 권장해 볼만한 일이다

'우리 집 아이들은 가출할 이유가 없다. 그러한 불만이나 부자유스런 일이 없기 때문이다.'

부모는 누구나 단정하듯이 말한다. 그러나 외면에 나타나지 않아도 돌연 예기치 않은 일이 일어남은 어른 세계에도 있다.

불만이란 아무 것도 없다. 일도 순조롭다. 모든 것이 잘 되어 나가고 있다. 이럴 때, 참으로 돌발적으로 싫증이 나서 후딱 가출해서는 그 뒤로 아주 먼 딴 고장에 가서는 전혀 다른 인물로서의 생활을 시작한다.

어린이도 이와 같아서 부모가 보기에는 아무런 불만도 없는 것 같은데 실은 그런 분위기가 견딜 수 없어서 훌쩍 가출해 버린다. 그러나 어둠이 깔리고 배도 고파 오고 무섭기도 해서 살그머니 다시 집으로 돌아온다.

부모는 왜 늦었느냐는 정도로 끝내지만, 설마 세 시간 동안 가출했다고는 생각지도 않는다. 그러나, 이 세 시간으로 어린이는 대단한 비약을 한 것이다. 하고 싶은 짓을 해 보았다는 매력과 고립되어 누구의 도움도 구할 수 없었다는 야릇한 감정을 맛보게 된 기회가 된 것이다.

자기 혼자라는 인식, 혹은 자기 자신과의 대결은 가족과 함께 있는 일상생활 중에서는 일어날 수 없다. 그러나 스스로 자기 자신을 본다는 것은 인격의 발견이라고도 할 수 있다. 인간 성장상으로는 대단히 중요한 자기 발견이다.

가정에서는 도저히 얻을 수 없는 비약이 필요한 행위다. 어린이는 그것을 가출이라는 형식으로 잡고 가는 것이다. 만일, 가출한 3시간 동안 어린이의 뇌리에 떠오른 것을 재현할 수 있다면, 아동심리학이 안고 있는 가지가지의 난제는 일거에 해결할 수 있을 것이다.

어린이가 생각하고 있는 인생관을 엿볼 수 있는 방법을 어른은 알지 못한다. 전혀 모른다. 그러므로 인격이 성장하는 과정에서 어른은 어린애니까 하는 무관심한 생각으로 어린이를 취급해서는 안 된다.

가출을 해서 30분, 혼자서 걸었던 어린이의 마음 ─ 그 같은 마음가짐으로써 어린이를 보는 기분, 그것을 어른에게서 구하고 싶다.

섹스에 대한 질문은
흥미의 단계에 따라 대답하라

어린이에 대한 공부라고 하면 눈빛을 달리 하는 어른들도 섹스에 대해서는 가르치려고 하지 않는 것은 이상한 일이다. 스스로 배워서 안다고 하는 교육 원리를 섹스에만 적용시키는 듯하다.

그러므로 어린이가 섹스에 대하여 관심을 가지기 시작하면 부모는 먼 발치에서 관찰하고 직접 질문에 부닥치는 경우를 극히 피하려 한다.

섹스를 숨겨야 한다고 가르침을 받은 부모는 솔직히 물어오는 자녀를 대하게 되면 우물쭈물하고 만다. 어린이로서는 TV나 컴퓨터 사이트를 통해 항상 보아온 것이므로 부모에게 질문하는데 불과하다.

어른은 자기 경험을 통하여 섹스를 평가하고 있지만, 거기에 그 사람의 품성이 그대로 나타난다는 것을 다시 한 번 생각을 고쳐야 할 필요가 있다. 공연히 질문을 피하든지 꾸짖지 말고 어린이의 인식 단계가 어느 정도인가를 알고나서 그에 맞게 대답하면 된다.

성감이라는 것은 촉·시·청·취각 등의 감각이 총합된 것이다. 그러나 어린이가 섹스에 흥미를 갖는 것은 오직 시각에 의한 것으로, 다른 감각에 대해서는 잘 모른다. 그러므로 TV의 키스 장면도 '무엇 하는 거냐', '왜 저런 짓을 하는 거냐.' 등 촉각없이 시각에서 얻은 설명을 요구한다.

엄마와 함께 목욕탕에 들어간 아들 녀석이

"엄마, 엄마는 왜 아빠 같은 고추가 없어요?" 하고 물었을 때,

"엄마는 너를 낳을 때 떼주었다."고 대답하면 납득한다.

5살짜리 어린이의 관심은 있나 없나 그것 뿐이다. 섹스에 관심을 갖는다는 것은 바꿔 말하면, 어른의 행동에 관심을 가진다는 것을 뜻한다. 아이들에겐 없는 어른의 행동은 무엇을 의미하는 것인가. 그것을 어른은 어떻게 생각하고 있는 것인가 하고 관찰하고 있는 대상이외에는 별다른 의미를 갖지 못한다.

도리어 5학년이 되어도 섹스에 관심을 보이지 않을 때는 염려해야 될 것이다. 어른이 되어서도 관찰력이 부족하고, 그 위에 어른으로서의 즐거움을 모르는 입장에 놓이지 않을까 살펴볼 일이다.

어린이를 서로 바꿔서 가르쳐 본다

이웃이나 아는 사람 또는 자녀의 친구집 어디든지 좋으니까 어린이를 서로 바꾼다. 되도록 같은 나이의 어린이를 2~3일간 맡아준다. 그 대신 다음엔 이쪽에서도 맡겨 본다.

이것만큼 손쉽고 효과적인 생활교육은 별로 없다. 좌우간 교환된 본인은 물론 부모된 당신들도 극히 신선한 체험을 할 수 있는 계기가 될 것이다.

'책을 읽었으면 제자리에 정돈하라! 신발은 똑바로 나란히 벗어 놓아라! 이부자리는 자기가 깔고 갠다!' 라고 당신이 아무리 일러도 듣지 않던 꼬마가 마법에라도 걸린 듯이 무엇이나 똑바로 잘 한다. 만일 당신이 그 모습을 본다면 내 자식이라고 믿기지 않을 정도로 변모되어 있는 모습을 발견하고는 놀랄 것이다.

그만큼 어린이는 다른 집에 가면 얌전해지게 마련이다. 주의를 받아도 순순히 듣는다. 가족과 달라서 응석 관계가 성립되지 않으므로 자립심에 눈뜨게 된다. 그리고 실수를 하면 안 된다는 수치를 당하면 안 된다고 하는 자존심을 지키려고 하기 때문이다.

단기간의 사환 봉사使喚奉仕와 같은 것으로 생각하고 평상시 집에서 하지 않던 일도 시켜본다. 미리 부탁해 두는 것도 좋다. 다른 사람의 밥을 먹는다는 것을 몸소 체험해서 깨닫게 하는 생활 교육이다.

한편, 자녀가 돌아왔을 때의 신선한 느낌, 지금까지 맛보지 못했던 무엇인가를 느끼게 될 것이다. 단 사흘 동안이지만 어린이가 성장했다는 실감을 확실히 맛볼 수 있는 작은 감동에 희열감마저 느낀다. 어린이는 어린이대로 남의 집의 냄새를 감득한 아름다운 기억을 간직한다.

다시 되도록 가족 단위로 교제를 권하고 싶다. 가족 끼리 함께 여행도 하고 가정 방문도 교환한다. 어린이들 끼리의 만남, 어른들 끼리의 대화, 학교 이야기, 회사 이야기, 정치 이야기. 물가 이야기 등등 어린이는 어린이들만의 사교장이 되는 한편, 어른들과 대화함으로써 여러 가지 색다른 지식을 얻는다. 자기의 가정을 다시 되돌아보는 계기도 된다. 이렇게 하고 있는 가정은 적으나, 참 가정 교육의 일면으로써 반드시 권하고 싶다.

어린이의 호기심을 어디까지
이해할 수 있나

"뭐야? 시험 점수가 겨우 70점 아냐? 이런 형편으로는 ○○학교에
도 못 들어가."

엄마가 어린이에게 흔히 하는 소리다. 어째서 어린이 입장이 되어
서 생각해 주지 않는 것일까? 매일 반복되는 시험에 쫓기고 있는 어
린이는 때로는 실력 이하의 점수 밖에 못 따는 경우가 있다. 운이 나
쁜 것이다. 또 설사 그것이 실력이라고 하더라도 어린이만의 책임일
까? 엄마 자신의 어린 시절의 성적은 어떠했던가를 물어보고 싶은 마
음이다.

"오! 70점, 앞으로 30점만 더 따면 만점이구나."라고 왜 추켜주지
못하는가. 한 번의 시험 점수가 나쁘더라도 앞으로 기대를 걸고 어린
이에게 의욕을 북돋아 주는 일이 중요하다.

보통의 엄마는 눈앞의 성적이나 교사의 평가, 세상의 평판 등에 너

무 민감한 것 같다. 내 자식을 버스 승차에 늦지 않도록 하는 부모의 심정은 잘 안다. 그러나, 그 버스 타는 기분은 어떠할까? 도대체 어디를 가는 것인가? 한 번쯤 조용히 생각해 본 적이 있는가? 차표를 구하는데만 열중해 있지만, 도중에 사고가 났는지도 모른다. 현상만을 보지 말고 본질에 대하여 생각해 보기를 바란다. 그렇게 하려면 어린이 입장에서 생각하고 살펴본다는 마음가짐이 무엇보다 중요하다.

어린이의 간식을 3시로 정하고, 그 이외의 시간에는 아무 것도 주지 않는 것이 좋다고 생각하는 엄마라면 시험적으로 어린이와 똑같이 몸을 움직여 보라. 젖먹이 흉내는 30분, 유치원 아이의 흉내를 1시간 이상은 계속하지 못할 것이다. 어린이는 이처럼 격심하게 움직이고 있으므로 배가 고픈 것은 당연지사다. 곧 힘이 되는 먹거리를 작은 위장 속에 넣으려면, 단 것이 가장 좋다. 실천해 보면 알 수 있다.

때로는 어린이가 되어보는 것이 엄마에게는 도움이 된다. 부모가 어린이의 입장이 되어서 동심의 자세로 주위를 살펴보면 이상한 것이 너무 많다는 것을 깨닫게 된다. 어린이가 호기심의 덩어리라는 사실도, 그것을 시험해 보고 싶어지는 마음도 알 수 있다. 어른은 그 마음을 장난삼아 하찮은 것으로 보지만, 어린이에게는 그것없이 세상을 이해하지 못한다.

이 호기심의 불을 일생 동안 태워온 사람이 발명가 에디슨이다. 인생은 길다. 어른의 눈으로 눈앞의 평가와 결과만으로 밀어붙여서는 안 된다.

엄마는 어린이를 연애 중의 남편이라고 생각하라

시험, 점수, 왜 이런 것이 필요한 것일까 하고 생각해 본 적이 있는가? 객관적 평가 때문이라고 설명해 주면 그런 것인가 하고 막연히 생각할 뿐이다. 그러나, 시험은 분별하기 위해 행하는 요식으로 점수라는 것은 체의 눈에 불과하다.

그러므로 시험의 결과인 점수의 좋고 나쁨은 인간의 평가와는 큰 관계가 없는 것이다. 올바른 평가는 우연한 적중에 있다. 한 번의 시험으로는 모른다. 어느 정도 노력했으며, 어느 정도 일의 과정을 알고 있는가를 평가하여야 한다.

그러나, 엄마라는 사람은 늘 결과만을 문제 삼고 그 과정은 문제로 하지 않는 경우가 많다.

분재를 즐기는 사람이 있다고 하자. 만일 그 사람이 결과만을 즐기고 싶으면 몇 십 만원 주고라도 남이 만들어 놓은 분재를 사 오면 된다. 하지만 그 사람은 그렇지 않다. 왜냐 하면, 그 사람에게는 완성된 분재보다도 자라고 있는 생동감을 보는 즐거움, 그것을 관리하는 노력이 중요하다. 결과보다도 과정을 즐기는 것이다.

무신경한 아내는 불만에 찬 음성으로 묻는다.

"왜 당신은 만년 평사원이에요?"

남편이 어떤 일을 하고 있는지, 얼마나 중요한 입장에 있는지, 정신적으로 충실히 생활하고 있는가가 문제인데도 직위 밖에는 안중에 없다. 과정보다도 결과에 눈이 간다. 이러한 아내의 눈에는 낚은 고기를 놓아주고 돌아오는 강태공 낚시를 전혀 이해 못하는 한가한 놀음이라고 밖에 비치지 않을 것이다.

어린이에 대해서도 시험의 결과에만 신경을 쓰고 시험을 위하여 노력한 시간은 문제시하지 않는다. 어린이는 자란다. 성장해 간다는 것이 문제가 아니겠는가?

여자에 있어서 결혼이란 결과를 뜻하고, 남자는 새로운 출발이라고 할 수 있다.

그토록 여자는 결과를 좋아하고 왜 그 과정은 싫어하는 것일까. 결과로서 미래에 성공할 아이를 만들기 위하여 즐기는 것은 여자 쪽이 아니었던가?

엄마들에게 말하고 싶다.

한 번만 더 그 때의 로맨틱한 기분을 생각해 내서 남편으로부터 느낀 것 같은 기대와 애정을 교육 과정 중에 있는 어린이에게 쏟아주었으면 한다.

지금까지와는 다른 어머니의 모습을 보여준다

일하는 엄마가 많아졌다. 엄마로 집에만 들어앉아 있을 수 없을 만큼 시대의 변화는 빠르다. 지니고 있는 지식이나 기능을 살리고 싶다는 소망에 의해서다. 어린이가 학교에 가게 되어 시간적 여유가 생기므로 모임이나 강좌에 참석해 본다. 동기나 일의 내용은 여러 가지다.

그러나, 엄마가 일터로 간다는 것은 아빠가 없어지게 된 경우를 제외하고 어린이에게는 새로운 사태 발생이라고 할 수 있다. 그러므로 왜 일하러 가느냐는 물음에 반드시 대답을 해 주기 바란다.

그러나 파티에 나가는 엄마는 자식에게 말하고 싶지 않을 것이다. 공장에서 부품을 만들고 있다든가, 상품 판매원을 하고 있다든가를 정직하게 알려 주기 바란다. 기계 부품의 나사 조임 작업이라면 어떤 방법으로 하는 것인가를 해 보인다. 그 나사가 없으면 혹은 조임이 나쁘면 어떤 일이 발생하는가를, 그 기계는 어떤 종류이며, 무슨 역할을 하는가, 또 한편 작업을 하고 있는 곳, 제품을 팔고 있는 곳, 일하고 있는 곳을 보여주고 싶다고 말한다.

요리와 청소, 세탁을 하는 엄마 밖에 보지 못한 어린이에게는 전혀 새로운 어머니의 모습에 놀라움의 찬사를 보내게 되고 자랑마저 느낄 것이다. 어른이라는 것, 생활이라는 것을 이해한다는 점에서 큰 비약의 계기를 마련할 수 있을 것이다.

물론 아빠도 자기의 직업을 가끔 자식에게 말해 주어야 한다. 엄마가 아빠는 훌륭한 사람이며 중요한 일을 하고 있다고 아무리 말해도 아빠의 모습을 기상, 식사, 잠자리에서 TV를 볼 때 밖에 보지 못했으므로 존경하지 않는 것도 무리는 아니다.

'나는 우리 나라 제일의 은행원이다.' 라고 자식에게 말해 주는 것이다. 그런데 아빠가 하고 있는 일이 그다지 대수롭지 않은 것 같고 그렇게 훌륭하지도 못한 것 같다고 자식이 물으면 아빠의 일은 아빠 밖에는 못한다고 말해 주면 된다.

양친이 자신을 가지고 일을 하고 있으며, 더구나 중요한 일이라는 사실을 알면 어린이도 의욕이 생긴다. 육아라 함은 '아이를 기르는 것이 아니고, 그것으로 인해서 어버이 자신이 육성된다' 고 하는 의미가 더 중요하다.

제 3장
이것이 가정교육의 훈련이다

탁상 시계라도 좋다. 고장 난 헌 시계는 '꼬마 기사' 용으로 제공하자. 분해된 것을 처음과 같이 복귀시키려고 하지만, 복잡한 시계는 간단하지 않다. 실패하더라도 꾸짖지 말아야 하며, 모험의 싹을 잘라서도 안 된다.

가족과 함께 하는 화투놀이는
두뇌교육의 필수 과목이다

화투라는 말을 듣기만 해도 싫은 얼굴을 하는 엄마가 많다. 귀가가 늦어지는 도박인 데다가 그 분위기로 보아서도 여자들한테는 환영 받지 못한다. 더구나 집에서 하면 소리와 담배 연기로 지쳐 버리고 만다.

엄마가 눈총을 주는 화투가 두뇌 개발 교육이라는 관점에서 볼 때 기초 종합 과목으로써 이상적인 놀이다.

읽는 힘, 기억력, 집중력, 결단력, 투지, 체력 등 대뇌 피질세포를 다각적으로 자극해 주는 게임인 것이다.

일견 단순히 보이는 게임이지만, 이것만큼 여러 가지 능력을 요구하는 것도 흔하지 않다. 더구나, 어느 한 가지가 약해도 지는 냉엄한 승부를 가지고 있다.

모든 엄마들에게 말하고 싶다. 화투 놀이를 도덕적으로만 생각하지 말고 교육적인 면에서 생각해 주기 바란다. 위의 항목들을 종합한 공부가 어느 다른 곳에 있는가, 학교에서 가르치고 있는가, 학원에서 배울 수 있는가? 어린이와 함께 당신도 참가하면 좋은 교육 방법을 습득할 수 있다. 완전한 두뇌교육의 기초 종합 과목은 당신 자신이 할 수 있는 수업이다.

세상의 아빠들에게 말하고 싶다. 교육적으로 보아 이렇게 우수한 화투놀이를 왜 어린이에게는 가르치지 않는가? 어째서 당신은 화투에 열중하는가를 생각해 보기 바란다. 종합력을 필요로 하는 완전한 두뇌 게임이니 만큼 밤새움도 마다하지 않는 놀이가 아닐까.

가족 끼리 화투를 하면 어린이의 두뇌 교육이 됨은 물론 지금 무엇을 바라고 하고 있으며, 어떤 생각을 하고 있는가도 살펴 볼 수 있다. 적은 액수의 돈을 걸고 심각한 승부로 다투면 부모와 자식간의 단절 쯤은 날아가 버리고 말 것이다.

가정에서 할 수 있는 화투 놀이

두 사람이 하는 화투 놀이
패 중에서 한 종류만 빼고 논다. 그 다음은 보통의 화투 놀이와 같은 법칙으로 어린이들도 간단히 익힐 수 있다.

벽돌 무너 뜨리기
벽돌을 쌓아올리고 패를 찔러 반대 쪽을 허물지 않고 떨어뜨린다.

벽돌 떨어 뜨리기

높이 쌓기

누가 제일 높이 쌓을 수 있나를 내기한다. (패의 뒤쪽을 위로 해서 쌓아올린다.)

아코디언 놀이
누가 더 길게 나란히 놓고 허물지 않고 들어올리는가를 내기한다

가위, 바위, 보로 독심력과
생각하는 힘을 기른다

동전 하나를 손에 잡고 위로 던져 올린다. 떨어지는 것을 탁 잡고는, '어느 손 안에 있나? 하는 놀이는 독심력의 트레이닝이 된다. 손바닥에 쥔 동전의 안팎을 맞추게 하는 놀이도 좋은 방법이다.

가위, 바위, 보 놀이도 흔히 하는 게임이지만, 마음 속으로 '보를 낸다, 보를 낸다.' 고 생각하다가 바위를 내면 이기는 경우가 많다. 자기가 내고자 하는 것이 상대방에게 전달되어 상대방이 가위를 내기 때문이다. 또 트럼프 카드를 두 종류하트와 스페이드만 잡고 잘 섞어서 엎어 놓은 다음 한 장씩 빼 낸다. 그것을 장지문 넘어 옆방에 있는 사람이 알아맞추는 놀이다. 이 놀이도 마음을 집중하면 뜻밖에 높은 확률로 맞출 수가 있다.

'오른쪽이냐, 왼쪽이냐.' , '이거냐, 저거냐.' '어느 쪽을 잡을 것인가.' 이런 장면이 우리들 주위에서는 늘 일어나고 있다. 인생이란 이런 작은 '맞추기 놀이' 의 누적이라고 해도 좋다. 이것은 두뇌 트레이닝의 기초로써 대단히 중요하다.

어린이와 함께 해보면 알지만, 그냥 엉터리로 답하면 좀처럼 맞지 않는다. 마음 속으로 생각하여야 잘 맞출 수 있다. 트럼프라고 하면, 대개의 경우 하트나 스페이드 모양을 마음 속에 그린다. 회수가 많은 만큼 집중하면 그만큼 잘 맞는다. 이 트레이닝을 하는 어린이와 안한 어린이와는 뇌의 발달에 큰 차이가 생기므로 놀면서 할 수 있는 이 트레이닝법을 꼭 권하고 싶다.

가위, 바위, 보 놀이는 승부만이 아닌 삼파전의 이론 위에 성립되어 있다. 보는 가위에 지지만 바위에게는 이긴다. 이 이긴다는 뜻을 안다는 사실은 중요한 삶의 시작이다.

동전을 던져서 겉이냐 안인가로 결정한다. 또 앞인가 뒤인가, 승勝인가, 부負인가 하는 것은 서양의 2원론적 승부이다.

그러나, 이러한 이론적 승부는 어린이에게는 관계없다. 어린이는 단지 무심코 가위, 바위, 보를 하면 된다. 수 없이 많이 하면 할수록, 심각하게 하면 할수록 이유없이 체득되는 것이므로 두뇌 훈련이 된다.

장기 바둑으로 통찰력을 몸에 붙여준다

장기 바둑이라 하면 남자의 놀이로만 여기고 관심을 보이지 않는 엄마가 많다.

그것 뿐인가? 어린이가 장기를 두고 있으면 '놀지 말고 공부하라.' 고 윽박지른다. 싫은 것을 억지로 하는 공부보다 장기나 바둑은 두뇌 계발을 위한 훌륭한 트레이닝이라는 사실을 알지 못하고 있는 셈이다. 다음 수, 그 다음 수, 또 그 다음 수, 이렇게 앞 수를 읽는 통찰력은 완전한 두뇌교육으로 연결되며 좋은 기회를 포착하는 능력이 된다.

장기나 바둑은 논리와 구성의 놀이이므로 정석定石을 컴퓨터에 입력시키면 컴퓨터가 더 강하다고 말하는 사람이 있다. 확실히 거기까지는 컴퓨터로 할 수 있다. 그러나, 다음 한 수를 상대는 어디로 올 것인가 하는 감은 컴퓨터는 할 수 없다.

어떤 야구선수는 동물적인 감을 가지고 있다고 말한다. 배터박스에 서면 다음에 날아오는 공을 알 수 있다고 한다. 바둑에는 정석이라는 기법이 계통적으로 수를 읽는다. 그러므로 '정석으로 말하면' 하는 경우가 있는데, 상대를 정석대로 상대한다고 단정할 수 없다. 왜냐 하면 정석이라 할지라도 몇 개씩 읽을 수 있기 때문이다. 여기서 상대편의 수를 읽으려면 먼저 야구 선수가 말한 감이 필요하다.

우로 할 것인가, 좌로 할 것인가? 햄릿은 아니지만, 인생에는 선택에 있어 망설이게 되는 경우가 많다.

통찰력과 판독력 없이는 완전한 두뇌교육은 있을 수 없다. 한 수 한 수를 쌓아가며 판국을 넓혀가는 싸움, 그 한 수 한 수가 통찰력에 의한 비약이며, 내기인 승부다.

엄마들이 어째서 장기나 바둑을 두지 않는지 알 수 없는 일이다. 내 자식의 올바른 성장을 원한다면, 지금 당장이라도 장기, 바둑에 입문할 일이다. 이것만큼 어린이와 다정하게 대좌할 수 있는 더 좋은 기회는 없다. 또 완전한 두뇌교육에 열매 있는 놀이로써 다시 없는 기회이다.

이 오락을 시작하다 보면 인생관까지 변하여 배우기 잘 했다고 생각할 것이 틀림없다. 시간을 유용하게 보낼 수 있고, 텔레비전도 이용할 수 있으므로 안심하고 시작하기 바란다. 내 자식의 완전한 두뇌 개발을 위해서 말이다.

어린이도 할 수 있는 바둑, 장기 놀이법, 가정에서 할 수 있는 놀이 방법

장기

오목놀이

끼워먹기

양 갓에 말을 1열로 세워 놓고 앞으로 전진해서 끼워 잡는다.

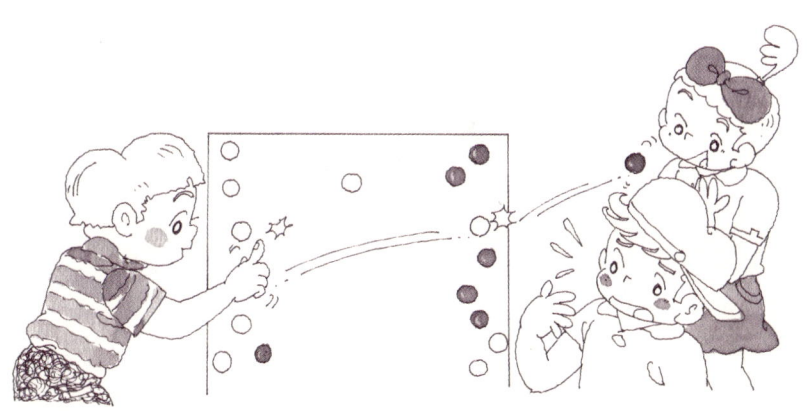

흑. 백의 돌을 양 갓에 1열로 나란히 놓고 손가락으로 통겨서 상대편을 떨어뜨린다(많이 남는 편이 승리).

장기말 쌓아올리기

장기말을 누가 더 높이 쌓아올릴 수 있는가 내기한다

높이 쌓인 장기말을 무너지지
않게 검지손가락으로 빼기

마술도 방법에 따라 심리학을 배울 수 있다

마술은 손가락의 기용법 훈련으로 할 수 있다고 생각한다면 잘못이다. 물론 손끝의 기용이 없으면 할 수 없지만, 그 이상으로 중요한 것은 상대를 집중시키는 능력이다.

오른손에 상대의 주의를 집중시킬 수 있다면, 왼손은 무엇을 해도 눈치 채지 못한다. 부자연스러운 것은 없다고 생각되도록 하는 이 기술은 도형圖形과 그 배경과의 관계를 중시하는 게시탈트 심리학 Gestalt ; 형태심리학의 응용이라고 할 수 있을 것이다.

잠깐 동안의 심리학적인 착각을 이용하든지, 조건이 붙여지는데 따라 안정되어가는 도형과 같은 조건에 정신이 팔려 있는 동안에 바꿔치게 된다.

마술의 비밀을 푸는 열쇠는 손을 보는 것이 아니다. 마술사 혹은 그곳에 무엇인가 어울리지 않는 것, 이상한 것이 없는가를 밝혀 낸다는 것보다 느낌으로 알아채는 사고력이다.

이렇듯 어울리고 친해진다는 것은 교육상 대단히 중요한 내용이다.

어떤 학부모는 담임선생과 어린이가 친하게 어울리지 못한다고 호소해 왔다. 조사해 본 결과 선생이 어린이와 조금도 융합되지 못하는 것이다. 일치점이 전혀 없었다. 이것은 학교 교육의 비극이다.

선생을 바꾸던가 어린이를 전학시키던가 하지 않는 한 해결책이 없다. 정밀 조사한 결과 교사 측에 문제가 있음을 알아내고 정식 수속을 밟아서 전학시킨 일까지 있었다.

이와 같이 교사와 어린이가 융합된다, 혹은 안 된다 하는 것은 두뇌의 문제가 아니고 마음의 문제인 것이다.

사회에는 비합리적인 것이 많이 융합된다, 일치된다, 자기 생리에 맞는다고 하는 것도 합리성으로 맞아 떨어지는 것은 아니다.

직관적으로 이런 불합리성을 감득하는 능력이 곧 두뇌개발에 연결된다는 사실을 간과해서는 안 된다.

어린이도 할 수 있는 마술놀이

쏟아지지 않는 물
미리 컵 밑바닥에 한두 방울의 물을 떨구어 둔다.

스트로우주머니, 뱀
스트로우로 물을 빨아들여 압축된 주머니에 한두 방울 떨어뜨리면 주머니가 뱀처럼 움직인다.

떨어지지 않는 동전
물에 닿은 동전은 컵을 거꾸로 들어도 떨어지지 않는다.

붙잡지도 않았는데 떨어지지 않는 연필
손바닥을 펴서 앞으로 향하게 하고는 미리 소매 속에 넣어둔 막대에 끼운다

바늘로 찔러도 터지지 않는 풍선
미리 셀로판 테이프를 붙여놓고 그곳을 바늘로 찌른다.

손가락이
잘렸다!

붙잡지도 않았는데 떨어지지 않는 연필
손바닥을 펴서 앞으로 향하게 한 다음 미리 소매 속에 넣어둔 막대에 끼운다

신문지 찢기로 리듬의 벽을 파괴하는 힘을 길러준다

신문지 한 장을 방바닥에 깐다. 그 위에 서서 난폭한 발동작으로 신문지를 되도록이면 잘게 찢는 놀이를 시킨다. 할 수 있으면 당신도 함께 찢는 놀이에 참가하여 보길 바란다.

그러면 당신이 깜짝 놀랄 정도로 어린이는 눈을 반짝이며 열중할 것이다. 발끝으로 종이를 잘게 찢는 일은 의외로 어렵다. 당신도 어느 사이엔가 어린이와 함께 기묘한 몸놀림과 손놀림에 열중할 것이다.

언제나 정돈, 또 정돈하고 귀찮을 정도로 야단만 치던 엄마가 난폭해져도 괜찮고 신문지를 찢어도 좋다. 꾹 누르고 참아온 '파괴하고 싶은 기분'이 자연스럽게 표출된 것이다. 그러는 동안 당신도 무언가 모르게 기분이 참신해져서 새로운 힘이 용솟음치는 벅찬 감정을 느꼈을 것이다.

현재의 리듬을 파괴하고 새로운 리듬을 만든다. ― 새 파도를 탄다. 이것이 혁명이다. 그러므로 두뇌개발을 위해서는 현재의 리듬을 파괴하지 않으면 안 된다. 앞으로 전진하고 싶은 자기의 욕망을 눌러 버린다든지 움츠리게 하는 욕구 불만이나 불필요한 전시적인 행동이나 강요된 정리 정돈 등과 작별하지 않으면 안 된다.

아내의 히스테리 치료 요법으로 옛날부터 전해 내려온 '접시 깨기'라는 의식이 있었다.

부부간은 이렇게 해서 생활의 균형을 깨지 않고 계속 유지되는 것이지만, 현재에서 미래로 비약하여 내일을 창조하지 않으면 안될 어린이는 당신 이상으로 파괴력을 가지고 있지 않으면 안 된다. 파괴하는 힘이 센 만큼 미래를 창조하는 능력도 갖게 되는 것이다.

그렇다면 포장용으로 쓰였던 스티로폴 상자 등을 어린이에게 파괴시켜 보기 바란다.

어린이의 파괴력을 만족시키는 놀이

신문지를 발로 찢기

불태우기
기세 좋게 타오른다.

물 쏟기

물을 쏟았을 때 뜻밖의 모양이 마당에 나타난다.

과녁 맞추기

폭소

불균형한 얼굴 그림 보기를 좋아한다.

세워놓은 막대가 넘어지지 않도록 모래를 많이 파 내는 쪽이 이긴다. 모래를 많이 파 내었어도 막대를 넘어뜨리면 진다. 긴장감을 기른다.

말꼬리 이어가기 놀이로 기억술을 기른다

말꼬리 이어가기 놀이는 통속적인 인기 높은 놀이 가운데 한 가지이지만, 교육적으로 보면 어휘를 풍부하게 하는 효과가 있다. 그리고, 기억한 것을 생각해 내는 방법의 트레이닝도 된다.

한편 가정에서 트레이닝을 할 때는 말꼬리 이어가기보다도 공통 요소를 가진 말을 모으는 놀이를 권하고 싶다. 예를 들면 '아' 자로 시작되는 말, 색깔 있는 것, 소리 나는 것, 음식물의 이름 등 얼마든지 문제를 만들 수 있다. 이와 같이 어느 공통 요소를 가진 낱말을 모으는 것이 산수에서 하고 있는 집합集合이다.

음식물의 이름을 예로 드는 어린이에게 어떤 음식인가, 단 것인가, 쓴 것인가 하고 묻는다. 어린이는 열심히 생각하려고 노력한다. 머리 속에 그 음식물을 그리지 않으면 대답할 수 없음을 안다. 이렇게 해서 어휘가 뜻하는 것을 정확히 파악하도록 한다.

또 어휘를 생각하려고 할 때 자기 나름의 방법으로 생각하게 된다. 음식물 이름이 '아' 자로 시작되는 것은, 둥근 모양을 하고 있는 것은, 또 차가운 음식물은 어떤 것이 있는가를 기억을 더듬는 실마리를 발견한다. 이는 대단히 중요한 능력이며 기억 회상술의 전형이라고 한다. 세상에서 말하는 기억술이란 이를 체계화한 내용에 불과하다.

또 지금의 어린이들에게 실력이 약하다고 하는 한자 학습에도 좋은 방법이며, 삼수 변三水邊이 붙은 글자, 월月이라는 자가 붙은 말, 목木이라는 자가 두 개 붙으면 임林자가 되는 등의 여러 가지 놀이법이 있다. 이 놀이는 나이가 다른 어린이, 특히 형제자매가 함께 하면 더 효과적이다. 형이나 언니는 동생들에게 가르치려고 정확한 지식을 몸에 지니도록 노력하게 되고, 동생들은 전승적 자세로 형, 언니들한테서 배워서 따라 가려고 열심히 한다.

시험을 위한 하룻밤식의 암기법으로는 좀체로 자기 것이 되지 않는 어휘나 한자도 단어 놀이로 기억한 것은 어른이 되어도 잊어버리지 않는다.

어른이 되면 항상 요구되는 표현력과 풍부한 어휘, 판단력을 넓고 깊게 이해시키는 이 놀이에서 힘 입는 바가 많다.

여하간, 아무런 준비도 없이 언제 어디서나 할 수 있는 이 놀이의 특징을 살려서 걸어가면서도 혹은 목욕탕 안에서도 많은 트레이닝을 시도해 주기 바란다.

그림풀이놀이로 발상의 전환을 돕는다

"그림 속에는 몇 마리의 동물이 숨어 있습니까?"

숨은 그림이나, 미리 짜 넣은 것 중에서 정해진 도형을 골라 내는 퍼즐, 현재 유행되고 있는 픽츄어 퍼즐 도형을 이용한 놀이는 많이 있다.

이 놀이는 그림이나 도형을 그대로 바라보고는 좀체로 풀 수 없다. 보는 각도나 방향, 눈의 높이를 바꾸지 않으면 찾아 낼 수 없도록 꾸며져 있다.

이러한 놀이는 발상의 전환에 연결되고 두뇌 개발의 큰 계기가 된다.

항상 보아온 것은 눈의 위치를 바꾸지 않는 한 새로운 형태나 뜻을 쉽게 찾아 낼 수 없다. 그러나, 지금까지의 입장에서 비약하여 새로운 관점에 놓이게 됨은 사실이다. 이 놀이를 잘하면 점수 따기 수재는 될지언정 창조적이고 참신한 미래는 기대할 수 없다.

창조적으로 비약하기 위해서 대뇌세포는 여러 가지 각도에서 자극을 받지 않으면 안 된다. 자극 중에서도 발상의 전환은 무엇보다도 긴요하다.

대뇌에 저축된 기억력을 세로, 가로, 빗면에서 자극하여 판단력을 훈련시키는 것이 그림풀이 놀이에서 양성된다.

이 놀이를 통해 부분과 전체의 관계를 터득하는 트레이닝도 된다는 이중의 효과가 있다. 어떤 연구를 계획할 때 각 부분을 전체와 관련지어서 충분히 터득한 뒤에 발상의 전환을 시도함으로써 새로운 발견이 탄생된다. 그림풀이 놀이가 기초가 되는 것이다.

뒤의 그림에서 보는 바와 같이 우리들은 일상생활을 하면서 물건 보는 일에 너무나 쉽게 습관화되어 있다.

이와 같은 상식을 총체적으로 집합한 것을 교육이라 이름하여 어린이에게 주입시키고 있는 것이 지금의 학교 교육이라는 사실을 잊어서는 안 된다.

어린이가 상식적인 화물인간이 되어 버리지 않도록 무엇이나 의문을 갖도록 하는 습관을 갖게 하여 발상을 전환할 수 있는 놀이로 대뇌를 자극시켜 주기 바란다.

어린이들 사이에 지금 크게 유행하고 있는 수수께끼 놀이도 대단히 좋은 방법이다. 그러나, 더 중요한 것은 자기 힘으로 수수께끼를 창조해 내는 일이다.

물건 보는 법을 바꾸어 보는 놀이

망원경을 사용한 놀이
똑같은 경치라도 크게 보이고 작게도 보인다.

다리 사이로 내다보기
풍경이 거꾸로 보여서 재미있다.

높이높이 올라가기
유아가 보아온 시각 각도보다 높은 위치에서 내려다 볼 수 있으므로 좋아한다.

똑같이 그린 그림을 비교해 본다

똑같이 그린 그림을 비교해 본다

같은 물체를 방향이 다른 장소에서 그리게 하면 뜻밖의 모양이 나온다.

직감과 느낌이 실력의 차이를 만든다

한눈에 순간적으로 크고 작음을 구별하는 능력, 이 직감력을 감느낌이라고 하지만, 트럼프의 숫자를 알아맞히는 감과는 다르다.

다음 예와 같이 종이 조각의 크고 작음을 알아맞힐 때 자기 나름대로의 방법론이 없으면 안 된다. 겹쳐 본다, 예측한 대로 나란히 놓아본다든가 하는 방법을 생각해 내지 못하면 감은 감이지만 엉터리로 맞춰보는데 불과하다. 또 사탕의 무게를 비교하고자 할 때 무게에 대한 기본적인 감각이 없으면 아무리 해도 엉터리 맞춤 밖에 기대할 수 없다.

감이 바로 직감이라고는 하지만, 어느 날 갑자기 예민해지는 것은 아니다. 끊임 없는 훈련을 쌓아서 그 중에서 자기의 방법론을 가지지 않고서는 올바른 감, 직감이라고는 할 수 없다.

직감력이 없는 어린이는 판단에 오차가 많고 남보다 한 걸음 앞서

나가기가 어렵다. 또 이번이 마지막이라는 중대사에 직면했을 때, 그것을 판단하기에는 많은 시간이 걸리고 자칫하다가는 자신 없는 그릇된 판단을 내리기 쉽다.

공부에 따르는 실력은 불가결한 것이다. 그러나, 돌발 사태에 직면했을 때는 이 직감력이 크게 작용한다.

시험 문제를 본 순간 답이 직감적으로 생각난다. 섬광처럼 번뜩이는 경우가 있지만, 이 섬광 같은 번뜩임이 많은가, 적은가, 맞는가, 틀리는가가 인생의 큰 분기점이 되는 일이 많음을 엿볼 수 있다.

직관력을 높혀주는 놀이

자른 종이 조각 비교
순간적으로 보게 한 다음, 어느 쪽이 큰가를 맞힌다.

연필 길이의 비교
길이가 비슷한 연필을 모아놓고 어느 것이 가장 긴가를 알아맞힌다.

과자 크기의 비교
무게나 모양이 비슷한 과자류를 모아놓고 어느 것이 무거운가를 알아맞힌다.

이 그림은 무엇일까요?

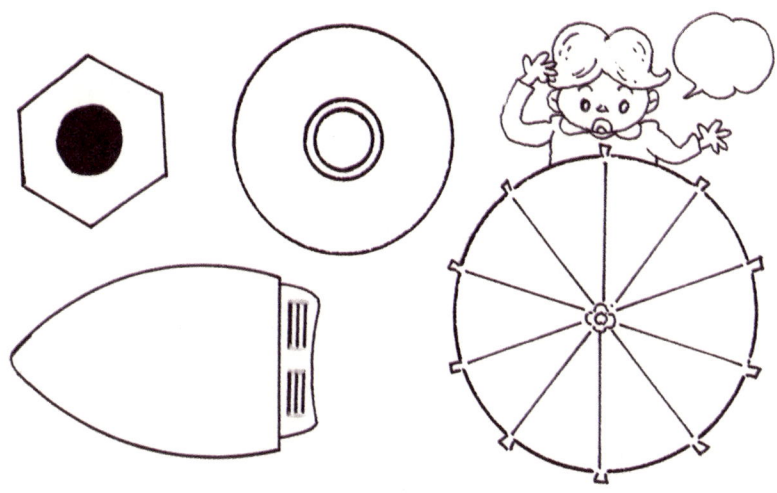

(답: ① 성냥 ② 접시 ③ 다리미 ④ 다트머니)

아래의 두 그림 중에 7군데 틀리는 곳이 있다. 아는 곳을 말해 보아라.

(답 : 액자모양이, 애자속의 사람 모양, 돌고래의 연기, 커튼의 묶이는 끈,
꽃잎이 한 장, 사닥다리 칸)

같은 장소라도 시간에 따라 풍경이 변한다.

세 가지 모형 중에 틀리는 것이 있다.

(정답: Ⓑ)

두뇌활동 촉진을 위해
식빵을 불균등하게 잘라본다

　카스테라나 식빵을 어린이들에게 줄 때 엄마들은 똑같이 자르려고 한다.

　어린이는 카스테라나 식빵을 좋아하므로, 서로 큰 것을 집으려고 한다. 맛있는 것을 많이 갖고 싶다는 욕심은 당연한 본능적인 감정이다. 이 당연한 욕심이 생겼을 때가 두뇌교육이 필요한 좋은 기회다. 그러므로 카스테라나 식빵을 똑같이 자르지 말고, 크고 작은 것, 여러 가지 형태로 자른다.

　"빵이다!" 하고 꼬마들은 달려들어 가장 큰 것을 집으려고 소란스럽다. 욕심에 끌려서 크고 작음의 판단을 재빨리 하는 트레이닝이다. 그러나, 3~4살 정도면 여러 각도에서 사물을 관찰하지 못하므로 표면이 큰 것부터 선택한다. 자른 빵 모양은 아래가 좁아져서 역삼각형이다. 위가 좀 작으나 아래쪽이 넓은 형태의 것이 사실은 크다고 하는

146

것을 알게 된다. 다음에는 표면 뿐만 아니고, 위와 아래쪽을 똑같게 살펴봐야겠다는 생각을 하게 된다.

3살 나이에 이 정도를 안다면 대단한 판단력이다. 양으로써 사물을 보는 눈이 구체적으로 육성된 까닭이다. 평범한 일상생활을 통해 습득하는 트레이닝은 생활과 직결되어 있는 만큼 확실한 지혜로써 단순한 지식 이상으로 어린이를 성장시킨다.

그러나 이러한 버릇 없는 행동을 이웃집에서 알게 되면 "뭐야, 버릇없이!" 하고 품위 없는 가정이라고 생각하지 않을까 염려되므로 대개의 가정에서는 예쁘고 바르게 기르려고 많은 노력을 기울인다.

다른 관점에서 생각해 보자. 어린이니까 맛있는 것을 많이 갖고 싶어한다.

그러므로 올바른 행실을 가르친다고 어린이다운 욕망을 소멸시키는 행위는 순진한 마음을 죽이는 어른들의 편협한 생각이 아닐까? 크고 작음의 차이를 겨우 깨닫기 시작하는 어린이에게 어른의 공평이라는 판단을 주입해서 모처럼의 싹을 잘라 버려서는 안 된다.

두뇌 개발에 빼놓을 수 없는 판단력과 스피드가 양성되는 트레이닝은 군것질에서도 응용할 수 있다. 다른 사람 앞에서 서로 빼앗으려고 하는 다툼은 에티켓에 위배된다는 점을 일깨우는 어른들의 우려는 더 자란 뒤에 해도 늦지 않다.

TV를 두뇌 개발의 교재로 이용하라

"만약에 너희들이 비둘기라면 어떻게 할 것인가?"라는 질문을 해 본다. 만약에라는 말은 막연한 것 같지만, 어린이의 상상력을 풍부히 하고 이야기를 일관되게 하는 이론과 그것을 표현하는 힘을 몸에 지닐 수 있게 하는 숨은 뜻을 간직하고 있다.

본성적으로 어린이들은 이야기를 매우 좋아한다. 머리가 굳어져서 융통이 잘 안 되는 어른과 달라서 어린이는 쉽게 공상의 세계에서 놀 수 있다. 얼마 안 되는 인생 경험에서 얻은 지식을 구사하여 즐거운 꿈의 세계를 창조하는 능력은 동심과 동화의 세계를 잊어버린 어른들과는 비교가 안 된다. 이야기 시간은 어린이에게 있어서는 변신할 수 있는 자기 창조의 시간이다.

그러나 TV가 등장하고부터는 사정이 달라졌다. 브라운관 속에는 이 때까지 동화책 속에 글자로 숨어 있던 소녀, 마녀, 왕자, 동물들이 움직이는 사진으로 출연한다. 옛날 어린이가 지금의 TV를 본다면 화면 속에 머리의 혼을 빼앗기지나 않았나 하고 걱정할지도 모른다.

TV만 보고 있으면 영상을 통하여 받는 자세 뿐이고 창조하는 힘은 잃어버리고 만다. 이런 광경은 어른도 같은 꼴로 야구 프로를 보고 있다가 "아! 4대 3으로 팀이 이겼네." 하고는 스위치를 꺼버린다. 시합을 보고 있는 동안 담배를 피운다든가 맥주를 마신다든가 할뿐 경기에 열중한 나머지 박수를 치는 일조차 없다. 감상의 말 한 마디도 없다. 이렇게 된다면 'TV는 어린이에게 해롭다'고 하기 전에 이미 어른은 TV에 먹혀 있는 꼴이 된다.

어차피 TV를 보려면 열중해서 볼 일이다. 소리를 지르고 손뼉을 치며 몰입해야 한다. 그러면 어린이도 흉내를 내서 소리도 지르고 손뼉도 치고 함께 등장하는 인물이 되어본다. 이렇게 해서 프로가 끝난 뒤에 어린이와 얘기해 보면 마음의 친구라는 것을 알 수 있다.

조금 전의 화면을 설명해 주면서 "만약 그때 구원을 하러 오지 않았다면 어떻게 도망칠 수 있었을까?" 하고 물어본다. "그 다음은 어떻게 될까." 하는 의문을 갖게 해도 좋다. 즐거운 공상, 심각한 이론의 전개를 엿볼 수 있고, 내 자식이지만 창조력의 왕성함에 놀라기도 할 것이다.

동화책을 읽으면서 혹은, TV를 보면서 어린이와 대화를 하면서 사건의 내용과 그 전개를 물어보자. 그렇게 하면 힘 들이지 않고 어린이의 마음의 세계를 넓힐 수 있다.

실뜨기 놀이는 두뇌피질을 발달시킨다

공원이나 전철 안에서 실뜨기 놀이를 하고 있는 어머니와 어린 딸의 모습을 보는 경우가 있다. 그 다정한 정경은 미소지을 만한 일이다. 그와 동시에 교육에 종사하는 사람으로서 볼 때 기쁜 마음이 앞서기도 한다.

당신은 알고 있을 것이다. 실뜨기를 하고 있는 동안의 엄마는 결코 자녀에게 꾸중하지 않는다는 사실을 말이다. 자기 자식이라면 솜씨도 자기와 같을 것이며 '못하는 것은 배운 것이 적을 뿐이다' 라고 무언 중에 자식의 능력을 엄마는 알고 있기 때문이다.

사전에 보면, 익히다'란 뜻은 '①반복해서 닦고 행하다. ②배워서 자기 몸에 배게 하다' 라는 풀이로 설명되어 있다. 이 교육의 원형은 엄마라면 누구나 할 수 있다. 더구나, 학교에서는 가르쳐 주지도 않고 가르칠 수도 없는, 부모로부터 자식으로의 전승이라는 중요한 뜻을 포함하고 있기 때문이다.

그런데 실뜨기 놀이를 떠나서 공부할 때는 똑같은 엄마로서 어떻게 자식을 꾸짖고 욕하는 것일까 하고 생각해 보게 된다.

자기가 정말 알고 있다면, 실뜨기와 같은 방법으로 학습하도록 지도하면 좋을 것이 아닌가. 엄마는 점수만을 목적으로 공부를 시키려고 하므로 점수 공포증의 모자母子가 되어 어린이는 겨우 고개를 쳐들려고 하던 싹마저 시들어 버리는 결과를 가져온다.

실뜨기 놀이의 효용은 우선 열 개의 손가락을 놀리기 위한 운동을 관장하는 대뇌피질의 발달을 촉진시킨다. 실뜨기는 마주 앉아서 하기 때문에 효과가 크다. 정신분열증에 걸린 경우라면 마주 앉는 운동을 자각 못한다는 것은 유명한 정설이다. 동시에 실뜨기는 선분실이 그려내는 도형의 변화로서 위상位相 기하학의 입장에서 전문적 연구를 하고 있는 수학자가 있을 정도의 깊이가 있는 놀이다.

거기까지 어렵게 생각할 필요는 없지만, 중추운동의 유연한 발달은 어른이 된 후에 사물을 추상화하는 능력과 손끝의 기용도器用度로서 살아나는 것은 확실하다. 그러나 무엇보다 좋은 것은 손의 전달, 입의 전달로써 일생 동안 잊을 수 없는 엄마로부터 받은 유산이 될 것이다. 그러므로 집안의 옛이야기를 주고 받으면서 실뜨기 놀이를 즐길 것을 권장하고 싶다. 엄마이므로 할 수 있는 고유한 전승적인 교육을 더 중요하게 고려해 주었으면 좋겠다는 생각을 해 본다.

러브레터는 표현력을 키우는
최상의 방법이다

　'난 철이가 좋아!'

　이 글은 어느 작가의 딸이 초등학교 1학년 때 쓴 연애 편지다. '편지'를 써서 보낸다는 것은 좋아한다는 뜻일 것이고, 편지 끝에 하트 모양을 그려 놓은 것은 키스하고 싶다는 표현이다. TV 만화를 보면 키스 장면에 하트가 나오는 것을 보아왔으므로 어린이들은 일찍부터 흥미를 갖고 있음을 알 수 있다. 무리도 아니다. 하루에 몇 번이고 반복하고 있으므로 흉내를 안 내는 것이 이상할 정도다.

　'러브레터'는 크게 환영할 일이다. 누구나 경험이 있겠지만, 우선 이것처럼 심각한 마음으로 쓰는 문장은 없다. 즉, 교육적인 면에서도 국어의 힘을 신장하는데 절대적이라고 할 만큼 위력을 발휘한다.

　자기 자식이 러브레터를 보낼 때, 혹은 받았을 때 첨삭添削이나 비평을 가할 수 있는 입장에 있는 부모는 두뇌교육의 입장에서 말하면 합격점을 주어도 좋다. 3학년이 되어서도 한 번도 연애편지를 쓰는 법이 없고, 받는 것 같지도 않다면 부모나 자식의 어느 한쪽, 혹은 양쪽에 문제가 있다고 생각해도 좋다.

이러한 일이 안 되도록 부모는 신경을 쓰고 있겠지만, 부모와 자식의 릴레이션을 좋게 하고 어린이의 생각이나 성장을 아는데 가정 신문을 만들면 좋다. 친척에게 보낸다든가, 어린이의 친구들과 교환하게 한다면 더욱 좋다. 한 부만 만들어서 그 뒤는 복사점에서 필요한 만큼 만들면 된다.

가족 전원이 모여 편집회의를 연다. 자유롭게 의견을 말하는 어린이의 말 가운데 학급의 분위기와 상황, 친구들과의 교제, 어린이의 지식과 흥미 등등 풍부한 정보를 얻을 수 있는 것에 놀랄 것이다.

각자 부서를 정하여 취재에 착수, 마감일에 늦지 않게 책임 완수한다는 일의 어려움을 깨닫는 기회가 된다. 내 자식이지만 믿음직하다고 느낄 정도로 관찰력과 표현력이 신장되어 있을 것이다.

가정에서 가능한 두뇌교육 중에서도 가정 신문은 꼭 실행해 보기를 권하고 싶다. 게재되는 것 하나 하나가 어린이의 성장을 위한 피가 되고 살이 된다. 그리고 뒤에 남는 성장 기록, 혹은 가정사家庭史로써 귀중한 인격을 쌓는 재산이 될 것이다.

총놀이는 집중력 판단력에 적합하다

인간이라면 누구나가 공을 가지고 노는 것을 좋아한다. 야구, 농구, 축구 등 실로 많은 스포츠가 공을 이용한다. 닿는데 따라 어디로 갈지 모르는 공놀이의 재미가 마음을 사로잡는다.

이 구기球技와 같이 여러 사람이 함께 즐길 수 있는 경기 중에 과녁 맞추기 놀이가 있다. 궁도와 사격은 오랜 역사를 가지고 있으면서도 무기를 사용하는 그 변형의 놀이는 해마다 왕성해지고 있다.

무기 휴대를 금하고 있는 우리 나라이지만, 이 사격놀이는 교육적으로 보면 대단히 중요한 내용을 가지고 있다.

단계적으로 본다면 먼저 겨냥을 하는 일인데, 이것은 집중력과 몸의 안정도를 배울 수 있다. 발사시에는 호흡의 조정법, 발사 후의 결과에서는 다음 발사를 하기 위한 궤도 수정을 하지 않으면 안 된다.

먼저 번 실패의 원인을 모든 각도에서 검토하기 위한 판단력이 양성된다. 그 다음에는 예측과 개량이라는 단계가 있다. 이처럼 긴장된 순간 순간을 거쳐야 비로소 방아쇠에 손가락이 간다. 몇 번 해도 잘 안 될 때는 단념하고 자세를 바꿀 수도 있다.

한 가지 일에 대하여 자기 집중을 철저하게 단련해 가는 이 놀이는 두뇌교육으로서도 적합하다. 이를 잘 배워두면 사격이 단지 허세 좋은 놀이가 아니라 총합력이 필요한 교육적인 내용으로 이해가 될 것이다.

부모들로부터 지나친 경각심 때문에 연필 깎기에 쓰이는 칼까지 빼앗긴 어린이는 사격놀이의 참뜻을 모른다. 하물며 목숨을 걸고 하는 사격이므로 TV에서 보는 그림 구경 정도로 이해하는데 만족해야 한다. 다음 페이지에 나오는 나무젓가락총만이라도 꼭 만들어 주었으면 하는 것이 필자의 바람이다.

최근 광선총이란 장난감이 나왔다. 총알이 날아가는 것을 전혀 볼 수 없는 현대적인 장난감으로 목표물을 맞추기 위해서는 정확한 판단을 필요로 하고 있다.

총이라고 하면 화약과 탄환을 생각하는 어른들보다 낳을 때부터 벌써 최첨단 비행기가 날고 있다고 하는 어린이의 감각에 적합하기 때문이다.

젓가락 총 만드는 법

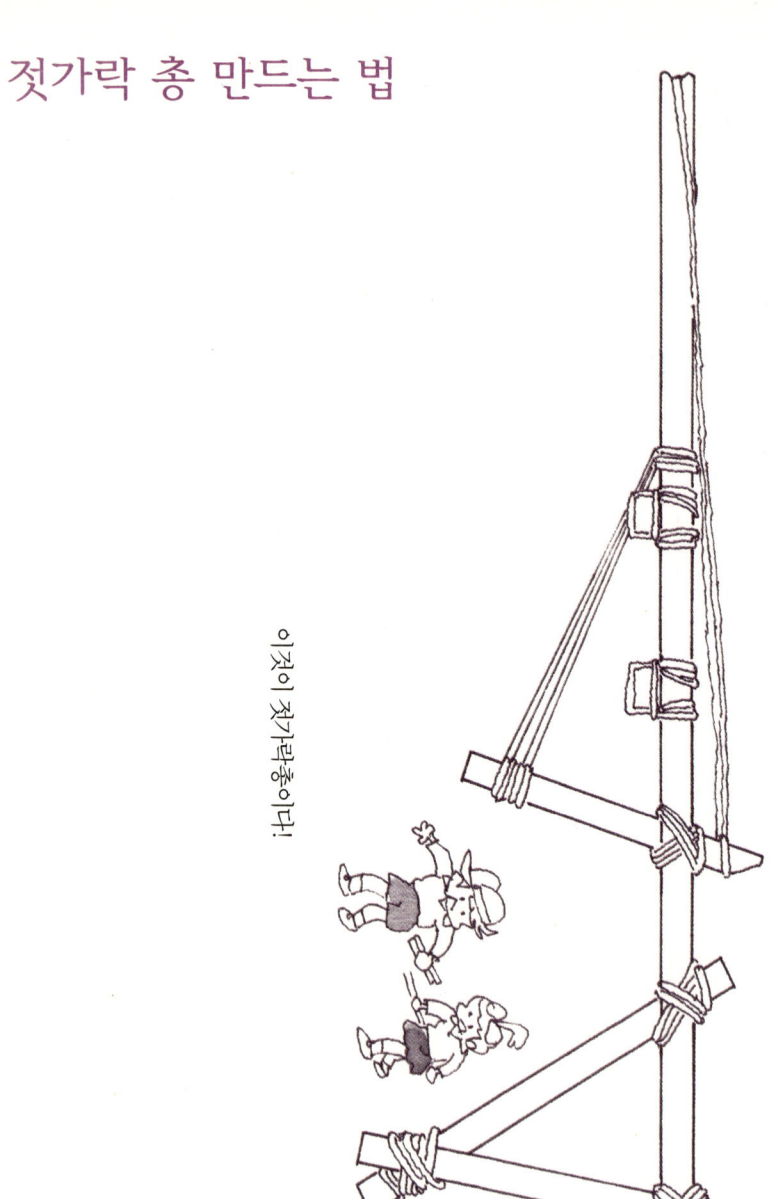

이것이 젓가락총이다!

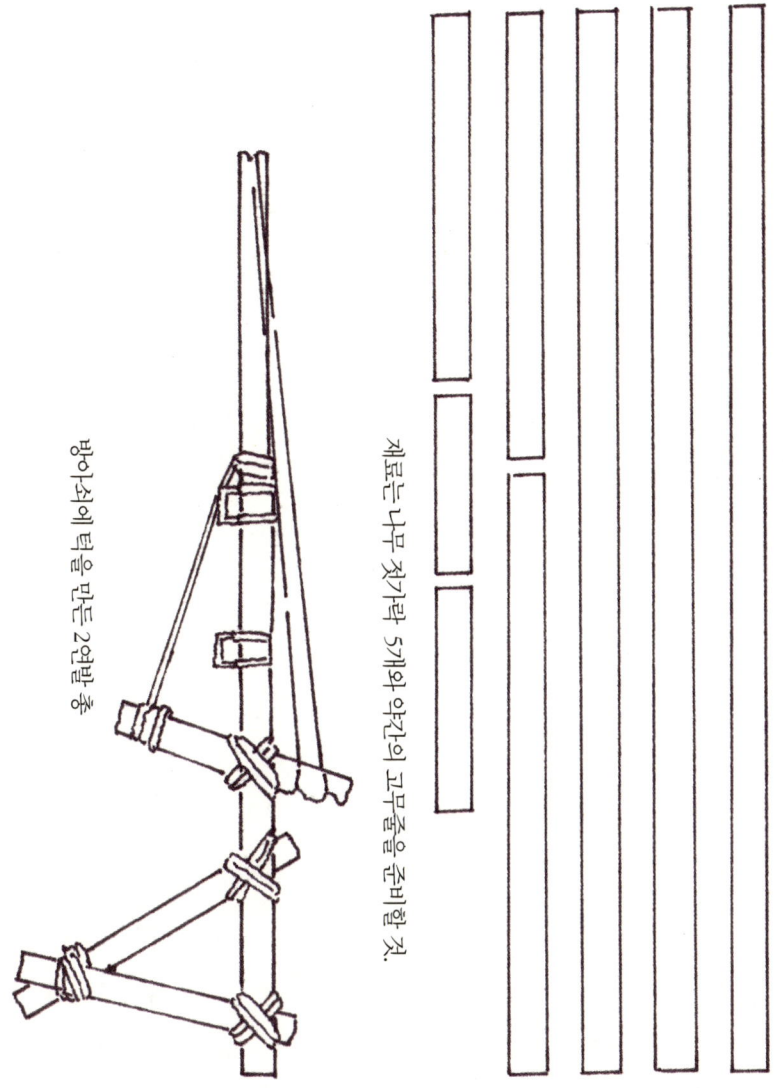

방어쇠에 털을 만든 2연발 총

재료는 나무 정가락 5개와 약간의 고무줄을 준비할 것.

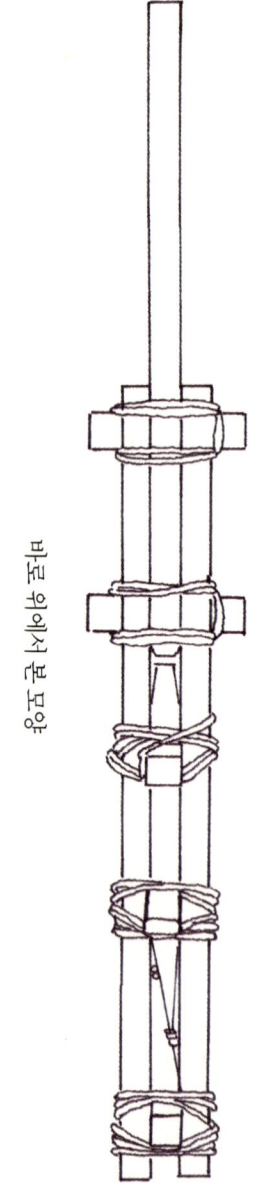

바로 위에서 본 모양

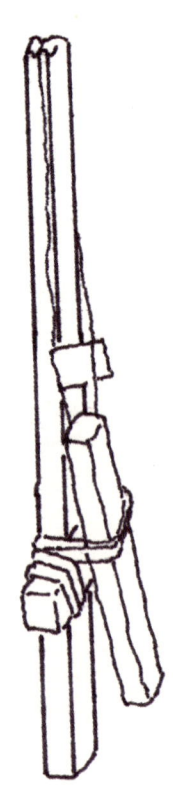

가장 간단한 장가림줄(고무줄을 고정시킨 다음 종이봉지 종업을 끼워서 넣는다.)

빙빙 도는 과녁

과녁을 겨누어 쏜다.

당신은 어린이에게 넘을 수 없는 존재인가

농가의 어린이가 벼를 모른다고 한다면 설마 하고 생각할 것이다. 하지만 사실이다. 어린이는 공부하지 않으면 안 된다. 그러므로 부모는 자식에게 "논밭에 나와서는 안 된다. 숙제를 하고 있어."라고 말한다. 부모가 땀을 흘리며 일하고 있을 때 어린이는 집에서 땅의 성질이라든가, 비료의 3요소 등을 공부하고 있을 것이다. 어린 시절에 논밭에서 땀을 흘려보지 못한 아이가 커서 농사일을 거들지 않는 것은 당연하다.

농사를 예로 들었지만, 집안일을 함께 거들게 하지 않고 부모의 직업을 가르쳐 주지 않는 것은 샐러리맨 가정에서는 훨씬 전부터 무심히 지내온 예외적인 일이다.

어린이를 절대적인 관심 속에서 관찰해 주기를 바란다. 부모의 지나친 애정에서 비롯된 어린이의 가사노동 불참가는 부모의 의도에 어긋나는 폐해를 낳게 한다.

첫째, 어린이를 공부 벌레로 만듦으로써 긴장감이 없어지고 인격 형성의 질이 저하된다. 성장하기까지 시간이 넉넉하므로 그것만 집중하고 있으면 된다. 이를 다른 말로 바꾸면 서둘러서 심각하게 할 필요가 없다는 뜻이다. 똑같은 것만 되풀이하면 질리고 만다. 집중적으로 하는 1시간의 일은 빈둥거리며 하는 5시간의 일보다 훨씬 능률을 높일 수 있음을 우리는 많은 일에서 경험하고 있다.

둘째, 손재주가 없다. 운동화 끈도 제대로 맬 수 없다. 사과껍질도 벗기지 못한다. 자기 손으로 못 하나 박지 못한다. 옷도 혼자 입지 못한다. 전기 플러그 하나 제대로 고치지 못한다. 손재주만이 없게 되는 것이 아니라, 두뇌작용까지 쓸모없게 되고 만다. 부모의 지나친 보호는 어린이의 앞날을 그릇되게 하는 결과를 가져올 뿐이다.

학교 시험에서 점수가 좋다면 사과껍질을 못 벗기는 것보다 낫지 않겠는가고 생각하기 쉽다. 부모에게서 가사노동이나 가업을 배우지 못한 어린이는 부모란 단지 보호자며 후원자에 불과하다고 생각한다. 부모의 일하는 모습을 직접 보고 직접 체험해 봄으로써 사회 생활이 어렵다는 현실감과 부모에 대한 존경심도 우러나는 것이다.

부모가 하고 있는 일은 자기로서는 절대로 할 수가 없다고 단념하는 생각은 교육상 중요한 부분이다. 올바른 가정교육 없이 돈과 시간을 낭비하면서 타인에게 자녀의 교육을 맡긴 부모는 자식이 자립하게 되었을 때, 이미 부모에게서 받을 것도 줄 의무도 없다는 말을 들어도 변명할 수 없다.

냄새로 사물을 포착하는 훈련을
길러준다

'귀빈실' 하면 머리 속에 어떤 광경이 떠오를까?

① 귀빈실貴賓室이라는 글자만을 생각하는 사람.

② 호화스러운 장식품이나 값비싼 그림 등을 생각하는 사람.

③ 말할 수 없이 고귀한 냄새나 가라앉은 듯한 조용한 분위기가 전해 옴을 느끼는 사람으로 생각해 볼 수 있다.

이와 같은 것을 세 가지 형으로 나누어 보면, ①은 활자형, ②는 영상형, ③은 감각형이라고 할 수 있을 것이다. 당신은 무슨 형에 속할 것인가.

활자형인 사람은 어휘부터 생각까지 구식 인간의 표준이라고 해도 좋다.

영상형인 사람은 만화나 TV를 보며 성장한 어린이들에게 압도적으로 많은 타입으로 판단이 빠르고 구체적이고 또 행동적이다. 단, 활자형 인간에 비하면 사고가 체계적이 못하다는 결점이 있다.

감각형의 사람은 미래파 인간이라고 할 수 있다. 분석적이 아니고 총합적으로 미래를 체험적으로 느낄 수 있는 타입이다. 그런데 의외로 상당히 나이 든 사람들 중에도 이런 타입이 있는 것으로 보아 그 사람의 교양과 성격 됨됨이가 엿보인다.

고향을 연상했을 때 주변의 경치만 생각 날뿐 퇴비 냄새를 모르는 사람은 미래파 인간이 될 수 없다.

TV 인간으로 대표되는 영상형 인간이 최신형이라고 잘못 생각하는 사람이 많다. 그러나 스위치를 끄면 자취도 없이 사라지는 영상과 같이 그 인식은 얕은 것이다.

그러므로 5감을 종합적으로 작용해서 체득한 인식이야말로 올바른 인식이며 이해했다고 평가할 수 있다. 냄새라는 미묘한 그러면서 3차원적인 감각이 미래를 창조하는 인간에게 필요로 하는 절대적인 분위기이다.

그렇다면 어린이에게는 되도록 실물과 접촉시킬 일이다. 실물을 모르는 사람은 가짜도 모른다. 가장 표현하기 어려운 냄새로 사물을 파악할 수 없는 사람은 반뇌인간이라고 지적 받아도 변명할 여지가 없다.

만화는 미래파 인간을 만든다

엄마들은 어린이가 만화에 열중하는 것을 좋아하지 않는다.

"그런 쓸데 없는 것에 열중하지 말고 동화책이라도 읽어요!" 하고 나무란다.

즉 활자로 가득 차 있는 것이 책이고, 그림이 대부분인 만화는 책으로 인정 받지 못하는 나쁜 책이라고 단정해 버린다.

무엇을 기준으로 해서 활자문화는 고상하고, 영상문화는 저열하다고 판단하는 것일까? 생각하건대 이것은 자신의 어린 시절의 습관으로 생각해 버리는 판단이 아닐까. 화장실의 신사용, 숙녀용 등의 글자 표지가 지금은 그림으로 표시한 것이 많아졌지만, 어느 편이 알기 쉽고 품위 있는 것인가를 생각해 보기 바란다.

어른이 만화를 볼 때는 그림을 글자로 바꾸어서 '읽고 있다' 고 할 수 있다.

이 어린이는 어른이라는 연상_{年上}의 어린이한테 놀림을 받은 것과 같다. 그러므로 가엾다. 그리고 되갚아 주려다가 이번엔 다른 어린이 한테 놀림을 받는다. 딱하게도 이 어린이는 어째서 이렇게 불행한 것일까?

이와같이 어린이가 만화를 보고 있을 때를 주의 깊게 관찰해 보기 바란다. 한 토막씩 생각해 가며 읽는 것이 아니라, 그림 그것을 한꺼번에 해독한다는 사실이다. 그러므로 어른보다 훨씬 빠른 속도로 읽어 버린다. TV로 자라난 영상형 인간은 순간적으로 많은 두뇌세포를 동원해서 대량의 정보를 인식하는 힘을 몸에 지니고 있다는 증거를 보여주고 있다.

정보량이 해마다 늘어가는 시대에 글자 한 자라도 올바르게 해석하지 못하고 또 이해 못한다면 뒤따라 가다가는 찌꺼기나 얻어먹을 것이 확실하다. 엄마들도 이러한 '영상으로 직접 이해하는' 연습을 철저히 대비하지 않으면 자식과 대화도 할 수 없게 된다.

'TV를 보고 있으니까 충분해', '만화보다 글자를' 하는 생각도 틀린 것이다. TV는 그저 보여주기만 하지만, 만화는 자기의 상상도 가미해 가며 보고 있는 학습 지도책이다. 즉 주관적으로 읽고 있다고 말할 수 있다.

그러나, 최근의 만화는 그다지 재미가 없는 것도 사실이다.

껌을 한 번에 6개씩 먹여 보아라

껌을 어린이에게 줄 때 1개씩 건네주는 것이 보통이다. 그래서는 행실 좋은 어린이는 될지언정 적극적으로 두뇌를 개발하는 어린이는 되기 어렵다.

이런 어린이가 있었다. 어느 때 내가 껌 한 통을 주었다. 그랬더니 그 어린이는 6개 전부를 한 입에 넣어버리는 것이 아닌가. 내가 놀라서 왜 그러느냐고 물었더니, "이렇게 씹는 게 맛있어요."라고 천연스럽게 대답했다. 그래서 나도 6개를 한 입에 넣어본 즉, 과연 씹는 기분도 좋고 맛도 짙어서 뇌 속까지 스며드는 것 같았다.

이 어린이는 무엇이든지 해 보겠다는 장난기 많은 어린이었으므로 무심코 껌 두 개를 입에 넣었던 것이다. 그런 즉 맛이 좋았다. 그런 다음 3개, 4개, 6개…… 차츰 늘려갔다. "맛이 있을 것이다."라는 가설을 세우고, 실험하고 검증하는 실험 과학의 방법을 활용한 셈이다.

굉장한 장난꾸러기다. 1개씩 주는 방법으로써는 생각할 수 없는 비약이다. 그렇다고 어른스러운 어린이라고 생각할 수도 없는 발상發想의 전환이다.

껌을 씹는 방법 하나에서도 두뇌 개발이 가능한 어린이와 불가능한 어린이의 차이가 생긴다. 발상의 전환이 가능한가 못한가에 따라 어린이 성장에 큰 차가 생기게 된다는 것이다.

초등학교 1학년 사회 시간에 이런 일이 있었다. 교과서의 그림은 산골짜기에 놓여 있는 외나무다리 양쪽에서 두 마리의 양이 서로 먼저 건너려고 다투고 있었다. "외나무 다리이므로 양쪽에서 동시에 건널 수는 없다. 어느 편이든 길을 양보하지 않으면 안 된다."하고 교사가 말을 진행시키고 있을 때 한 어린이가 말했다.

"선생님, 새로 철근 콘크리트 다리를 놓으면 됩니다. 다같이 건널 수가 있으니까요."

교사의 수업 예정에 혼란이 왔다. 외나무 다리에서 양보심을 생각하는 어른에 대해서 어린이는 다리를 건너는 양을 원점으로 하여 조건의 개혁을 생각하고는 어른의 상식을 보기 좋게 깨뜨리고만 것이다.

이럴 경우 화를 내는 교사는 자격이 없다. 어린이의 자유로운 발상을 다시 신장해 주는 것이 교사의 역할이며, 그것은 부모에게 있어서도 똑같은 마음가짐이다.

분해놀이로 창조하는 마음을 길러준다

　식물의 품종을 개량하는 일은 몇 년 간이라는 긴 시간 속에 참을성과 노력을 필요로 한다. 엄지손가락만한 감자를 현재와 같이 큰 것으로 개량한 사람은 미국의 유명한 품종 개량가 버벙이다. 그는 가시 없는 식용 선인장도 만들었다.

　버벙이 이와 같은 일을 할 수 있었던 것은 그의 가정 환경으로부터 은혜를 받고 있었기 때문이다. 그의 어머니는 꽃 애호가로 정원 가득히 꽃을 가꾸어 놓았기 때문에 어린 버벙은 꽃을 장난감 삼아서 놀았다고 한다.

　어느 날 방에 걸어놓은 중요한 시계가 없어졌다는 것을 안 부친이 집 안팎을 찾아보았더니 버벙이 시계를 골방으로 가지고 가서 분해하고 있는 중이었다. 그것을 보고 꾸지람은커녕 발소리까지 숨겨 자리를 떴다고 한다.

이러한 양친의 극진한 사랑 속에서 자랄 수 있었던 버벙은 손과 시간이 많은 드는 일로 위대한 업적을 올릴 수 있었다.

대다수의 어린이는 시계에 대해 특별한 흥미를 보인다. 어른들이 시계를 보고는 "12시니까, 밥을 먹자."라던가, "8시니까, 자거라." 하고 말하므로 어린이는 시계를 매우 중요한 물건이라고 생각하고 있다. 거기다가 째깍째깍하는 소리를 내며 바늘이 움직이므로 그 구조를 알고 싶다고 생각하는 것은 당연하다.

최근에는 전자 시계 때문에 시계 속을 분해하는 즐거움은 적어졌다.

탁상 시계라도 좋다. 고장난 헌 시계는 '꼬마 시계 기사' 용으로 제공하자. 분해된 부품을 처음과 같이 복귀시키려고 하지만, 복잡한 시계는 간단히 맞춰지지 않는다. 실패하더라도 꾸짖지 말아야 하며 모험의 싹을 잘라서도 안 된다.

시계에 한하지 않고 분해할 수 있는 물건이라면 무엇이나 좋다. 그러나 분해할 수 없는 플라스틱 완구는 피하고 나무나 철제로 된 완구를 주는 것이 좋다.

이상은 남자 어린이의 예이지만, 여자 어린이들의 화장 도구 만지기와 같은 놀이도 좋은 예다. 이와 같은 놀이는 비밀의 세계로 탐험여행을 하고 스스로 대뇌세포를 자극하여 발견에 이은 또 다른 대상을 창조하는 마음을 양성한다.

유리를 깨는 것은 모험의 시작이다

대청마루를 걸어가는 왼쪽에 미닫이가 있다고 하자. 어른들은 미 닫이를 열지 않더라도 방안의 모습을 상상할 수 있다. 방안에는 장판 이 깔려 있고, 장농이 놓여 있고 액자가 걸려 있을 것이다. 그러나, 어 린이에게 있어서는 미닫이 저쪽은 미지의 세계인 것이다. 도대체 안 에는 무엇이 있는가? 보이지 않은 만큼 흥미는 더욱 높다. 그리하여 손가락으로 구멍을 뚫는 장난이 시작되는 것이다.

어린이에게 있어서는 콜롬부스가 신대륙을 발견하기 위해 출범하 는 정도의 뜻을 가지는 것이지만, 그만큼 잘 눈에 띄고 꾸지람 받는 경우도 많다. 꾸지람을 받으면 어린이는 구멍 뚫는 행동은 중지하게 되나 소중한 호기심과 모험심을 버리게 된다.

미닫이에 구멍을 뚫었다고 해서 꾸짖는 엄마라면 어린이 마음 속 에서 호기심을 쫓아내면 뒤에 무엇이 남는다고 생각하는가를 묻고 싶다.

톰 소야가 한 가지 장난이 끝나면 다음 장난을 하게 되는 이유는 다하지 못한 호기심과 모험심 때문이었다. 그것은 '거기 산이 있기 때문에' 오른다고 대답한 에베레스트 등정의 히랄리 대장의 마음 속에 불타고 있었던 열정과 같은 것이다.

3~4세의 어린이는 "저게 뭐야?" "왜 그래?" 하고 보는 것, 듣는 것에 대하여 귀찮을 정도로 질문 공세를 한다. 어디까지나 캐묻는 어린이에게 "그저 그런거야." 라던가, "그런 귀찮은 질문하지마." 하고 꾸짖는다면, 이래서는 어린이의 성장을 부모 스스로가 멈추게 하는 과오를 저지르는 결과를 가져온다. 어린이는 스스로 두뇌학습을 하고 있는 것이다. 이런 질문에는 친절하게 대답해 주는 것이 보다 중요하다.

어린이의 질문에 쫓겨서 대답할 수 없게 된 경우라면 "철이는 어떻게 생각하니?" 하고 반문하면 된다.

백과사전을 찾아서 읽어주어도 좋다. 또 어린이가 당장 이해 못하더라도 좋다. 모르더라도 "무엇이 있구나!" 하는 것쯤 알면 성공이다.

어린이가 가지고 있는 호기심과 모험심이 인간의 문화와 문명의 원동력이라는 것을 잘 인식하고, 어른에게 약간의 불편을 느끼게 한다고 해서 덮어놓고 꾸짖지 말아야 한다.

전쟁놀이에서 패배한 억울함을 가르쳐라

우리는 무엇이나 합리적으로 의논해서 결정하지 않으면 안 되는 폭력 부정의 시대에서 살고 있다. 확실히 폭력은 추방되지 않으면 안 된다. 그러나 그 구호에 맞춰서 정의의 힘까지 부정 당하고 있는 것 같아 안타깝다. 폭력에 대항하는 정의가 힘이 아니라, 진리라고 표현함이 옳을 것 같다.

전쟁놀이는 권총놀이와 비슷하나 제스처 놀이 이상의 의미를 가지고 있다. 정당성의 주장을 받아들이는 측은 패자로서의 형벌을 받지 않으면 안 된다. 이것을 어린이는 단추를 뗀다든가, 맨발이 되게 한다든가 하는 치욕으로 바꿔서 놀고 있다. 굉장한 지혜가 아닌가? 패배의 치욕을 모르는 어린이는 이기는 정의의 뜻도 모르고 자라게 된다.

전쟁놀이의 또 다른 면은 계획성과 과학성이 내재해 있다. 적을 알기 위하여 전투 방법을 결정하는데는 과학적으로 작전을 세워야 한다. 또 한편 전투 계획은 작전을 잘 세우지 않으면 결과를 기대할 수 없다. 지휘관, 척후병, 간호원, 사격수 등 각각의 역할이 있기 때문이다.

이 역할을 어린 시절에 체험적으로 이해하지 않으면 훗날 사회에 나가서 권력에 좌우된다든지, 부질없이 아첨하든지, 반항하는 인간이 되는 경우가 있다.

평화주의는 진리이지만, 폭력과 부정이 곧 정의라는 공식을 어린이의 머리 속에 주입시는 일이 바람직한 교육이 될 것인가?

세상의 엄마들 중에는 이와 같은 근시안적으로 보는 사람이 많다는 것은 유감이다. 어린이 마음 속에 있는 정의에 대한 본능이 넘치는 활력으로 전쟁놀이에서 발산되고 있는 것이므로 작전 계획에 참여토록 하는 정도의 이해가 아쉽다.

옛날에는 이런 것을 어른들이 잘 이해하고 있었으므로 전쟁놀이로 밭의 농작물을 밟아도 꾸짖는 사람이 거의 없었다.

지금의 폭력 부정론에서 오는 전쟁놀이 금지는 어린이의 두뇌 개발을 억제하는 결과를 낳고 있다.

달리기에서 이기는 것이 두뇌개발의 첫출발이다

초등학교 1학년생이 운동회에서 자신감을 잃고 소극적으로 참가하는 예가 있다. 그것은 운동회의 달리기에서 꼴찌한 어린이의 경우다.

많은 관중이 모여 있고 부모, 형제, 친척, 친구, 이웃사람들이 보는 앞에서 꼴찌한 억울함 즉, 자신의 능력을 인정 받지 못하더라도 이상해할 것은 없다. 그만큼 1학년생에게는 자랑스러운 무대이며, 극도로 긴장감을 맛보는 순간의 연속이다.

1학년생의 달리기 순위는 어린이가 달리는 능력과 거의 관계가 없다. 그런데 바로 자기의 무능력을 천하에 공개하는 듯한 꼴찌를 낳게 하는 달리기는 가혹한 경기 방법이라고 생각된다.

초등학교 1학년생의 부모는 어떻게 해서든지 달리기에서 꼴찌를 맛보게 해서는 안 된다. 그러기 위해서는 트레이닝을 시켜주면 해결할 수 있다.

어떤 트레이닝인가를 묻기 전에 다시 한 번 생각해 보기 바란다. 어린이가 초등학교에 들어가서 운동회 당일까지 달리는 법을 배운 적이 있는가? 없다. 학교에서는 그런 것을 가르쳐 주지 않는다. 그런 데도 학교 행사의 경기 종목으로 채택되어 가혹한 형벌 같은 마음의 상처를 준다.

그런 사실을 이해하고 있으면 간단하다. 운동회 개최 일주일 전이나 10일 전부터 트레이닝을 시작한다.

우선 달리기를 시켜본다. 다리를 올리는 법, 손을 흔드는 법을 교정한다. 이것만으로도 스피드는 증가될 것이다.

다음에 출발 신호의 총이 울리면 대다수의 어린이는 위를 보며 달리기 마련인데, 숙인체 앞을 보고 뛰게 한다.

그리고는 앞으로 몸을 약간 숙인 자세로 달리는 것을 가르친다. 출발할 때의 자세와 방법, 뒤를 보지 말것 등을 가르치면 완벽하다. 신체의 중심을 어떻게 하면 가볍게 전방으로 달려야 하는가가 달리기의 포인트다.

이 정도만 가르쳐도 달리는 요령은 아주 좋아지고, 스피드도 예상외로 빨라질 것은 틀림없다. 꼴찌란 있을 수 없다.

아무 것도 공부하지 않은 어린이와 조금이라도 공부한 어린이의 차이, 이것이 의외로 인생을 결정하는 요인이다. 이런 경우 두뇌개발에의 첫걸음은 달리기에서 꼴찌를 면하게 하는 방법이다.

오감 五感은 갓난아기한테서 배워라

　지금의 인간문화는 머리로 지식을 터득하고 활용하는 방법으로 중심을 이룬다. 납득한다기보다 무엇이든지 이해한다는 자세인 것이다. '마음에 안 든다.' 라고 말하지 않고, '머리에 왔다.' 라고 말한다.

　주입식 교육과 테스트의 기억 만능식으로 되어 있다. 그러므로 무엇을 먹더라도 영양가의 높낮이, 유해식품이 아닌가 하는데 신경을 쓴다. 맛이 있나 없나 하는 미각, 산지産地는 어디며, 값이 비싸니까 맛있다는 등 감각에 의하지 않고 지식을 동원해서 먹고 있는 셈이다.

　먹는 것에만 국한되지 않는다. 섹스도 두뇌의 성의학 기사와 같이 나열한다. 임신이 되지 않았나 하는 불안감과 함께 느끼는 인간 잠재 본능의 쾌락이 아니라, 서적에 쓰여 있는 말초신경을 자극하기 위해 표현한 말을 머리에 떠오르게 한다. 싸움도 머리와 말의 경쟁에서 시작되고 무기는 기업 이익에 의해서 제작되며 자기 육체를 적응시켜서 생활하려고는 하지 않는다.

확실히 문화는 진보했다. 백 년 전에는 상상도 못했던 것이 당연지사로 되어 있다. 하늘을 날고, 지구 저쪽에 있는 사람과 화상을 통해 얼굴을 보며 대화를 나눌 수 있다. 달은 물론 화성에까지 가려고 하는 시대다.

그러나, 이것은 입장을 바꾸어 생각해 보면 인간은 대단히 하찮아지고 작아진 존재로 전락된 것이다. 자동차가 없으면 달릴 수가 없다. 회의장이 없으면 투쟁할 수 없다. 안경 없이는 사물을 볼 수가 없다. 전기가 없으면 몇 백 년 이전 상태로 돌아간다.

인간의 감각 영역을 더 확대해야 할 것이다. 지각적인 확대도 중요하지만, 성감대나 후각대 등 모든 감각도 확대하고 싶다. 오감까지 포함해서 두뇌가 지배하고 있는 모든 감각을 확대하는 두뇌교육이 필요하다.

비근한 예로써 손가락에 셀로판 테이프를 감고 물건을 만져 본다든지, 눈을 감고 여러 가지 물건을 잡아보면 촉각이 없는 세계가 얼마나 슬픈가를 느끼게 될 것이다.

아기에게 처음 보는 물건을 주면 먼저 입으로 가져간다. 가장 민감한 곳이기 때문이다. 그렇게 해서도 잘 모를 때에는 무릎 안쪽으로 가져간다. 그 다음의 민감한 곳이기 때문이다.

아기의 느낌을 배우듯 시視, 청聽, 미味, 후嗅, 촉觸의 오감을 훈련해 본다. 우리들의 인생 전부는 이 감각을 통해서 의미와 가치를 인정하며 깨닫는다.

어린이의 5감 자극법

여러 가지 용기로 소리의 높고 낮음을 확인시킨다.

다음 그림 중에는 몇 가지 냄새가 있습니까?

(답: 해, 굴뚝, 버스의 배기 가스, 엿, 요리, 동물, 흙, 꽃, 물)

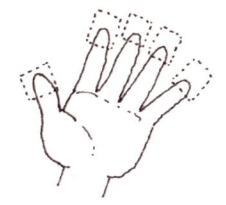

손가락 끝에 셀로판 테이프를 붙인다.

눈을 가린 다음에 물건 이름을 말하게 한다.

여러 가지 모양의 뚜껑이 붙은 빈 깡통을 5~6개 모아서 그 속에 중량이 조금씩 틀리게 넣고 모래를 무거운 순서로 나란히 놓는다.

주머니 속에 종류가 다른 꽃을 넣은 다음 냄새를 맡아서 꽃이름을 맞추도록 한다.

목욕물의 온도를 판단토록 한다.

계획적으로 어린이를
미아로 만들어 본다

혼잡한 거리로 어린이를 데리고 가는 것은 교통사고의 염려가 있을 뿐만 아니라, 미아가 되어 버리면 큰일이다. 이런 이유로 어린이를 집에 남겨두고 시장을 보러가던가 심한 자극을 주는 과일가게에 어린이를 데리고 가지 않는 부모들이 많다.

확실히 어린이와 함께 가는 외출은 번거롭다. 하지만 사물은 생각하기에 따라 다르다. 보는 것, 듣는 것이 많다. 자극이 풍부한 시장에서 아낌없이 판단하고 행동할 수 있는 절호의 기회인 것이다.

만약 미아가 되었다고 눈치 챘을 때의 어린이의 긴장감과 심각한 눈망울을 다른 때에는 절대로 볼 수 없는 변화다. 어떻게 할 것인가 하고 어린이는 우선 머리 속으로 정보를 조사한다. 할머님께 생과자를 사다드린다고 했으니까, 이쪽으로 가서 제과점을 살펴봐야 될 것인가? 또 아는 사람은 없는가? 파출소는 어느 쪽에 있나? 큰 소리를 질러볼까 하는 여러 가지 방법을 생각한 다음 가장 확실한 것을 비교 검토한다. 그것도 순식간에 판단해 버린다.

이와 같이 두뇌세포를 총동원하여 행동하는 것은 집중력과 정보 검색력, 거기에 판단하고 실행하는 능력, 이처럼 여러 가지 힘을 종합적으로 작용시키므로 교육 효과는 대단히 크다.

사자가 새끼를 천길 낭떠러지에 떨어뜨리듯이 많은 군중 속에서 일부러 미아로 만드는 것을 교육의 한 가지 방법으로 권장하고 싶다. 그런 때는 유괴, 그밖의 신변 위험이 없도록 감시할 수 있는 위치에 있지 않으면 안 된다.

다음에는 거리로 내보내 양률에 대한 정보를 수집할 기회를 맛보게 된다. 산더미처럼 쌓인 과일, 피라밋 모형으로 좌판에 쌓아올린 귤, 상점에 따라 쌓는 방법과 진열 방식이 다르다. 파는 방법에도 여러 가지 있다는 것을 깨닫고 집에 돌아오면 재빨리 시장놀이로 응용된다.

또 번화가로 아이를 데리고 간다. 어린이는 지금 인기 있는 이모저모를 직접 체험을 통해서 알게 된다. '핫도그 가게가 몇 군데 있구나.' '테니스 라켓을 가진 사람이 많이 눈에 띈다.' '아빠와 같이 굵은 테안경을 쓴 사람은 적어 보이는구나.' 눈에 보이는 모두가 관찰의 대상이 되고, 머리는 각종 자극을 받아서 쉴 새 없이 빙빙 돌아간다. 그렇다. 대뇌를 자극하고 자립심을 기르기 위해 적극적으로 번화가로 데리고 가자.

제스처 놀이로
마음과 신체의 균형 발달을 키운다

한국 가정에는 웃음이 적다고 한다. 그것은 집의 규모가 작다든지, 방이 좁아서 몸을 움직이는 범위가 적고, 식구들의 행동보다도 대화를 우선으로 하기 때문이기도 하다. 그 위에 순직하고 무표정한 사람들이 많아서 농담이나 유머를 나누는 기회도 적다. 어른과 어린이가 함께 어울려서 놀며 웃음을 유도할 수 있는 제스처gesture : 몸짓는 두뇌 트레이닝의 필수 과목으로써 빼놓을 수 없는 놀이다.

제스처로 문제를 잘 맞추게 하기 위해서는 우선 흉내 내는 것을 다각적으로 분석하고, 다음에 그것을 종합하는 능력이 요구된다.

원숭이의 흉내를 생각하더라도 땅콩을 까서 먹는 장면이나 나무에 오르며, 이를 잡고 땅 위를 기어다니고 나무에 매달리는 장면에 이르기까지 동물의 생태를 잘 알고 있지 못하면 흉내를 낼 수 없다. 그리고 대답하는 사람이 잘 모르는 것 같으면, 얼른 다음 흉내를 내보이지 않으면 놀이의 연속을 꾀할 수 없다. 분석하여 종합하는 일, 그리고 그것을 생태학적 모방이라는 행동으로 전달되는 인식 트레이닝이라고 할 수 있다.

단, 주의해야 할 것은 TV에서 보여주는 기호화記號化된 제스처는 흉내 내지 말 일이다. 손뼉을 두 번 치고는 눈이나 귀를 지적하도록 한다. 이것을 제스처라고는 할 수 없다. 제스처 놀이는 효용이 크다. 분석하고 종합할 수 있다는 것은 인간만이 가진 지적 능력으로 인류를 오늘날과 같이 진보시킨 힘이다.

또 심리학 응용의 카운슬링에 「사이코 드라마」라는 방법이 있어 학교에서도 응용하고 있다. 그것은 어린이가 싸웠을 때 어느 편에 원인이 있었나 하는 것을 알기 위해서 처음서부터 다시 한 번 재연시키는 방법이다. 그러므로써 쌍방이 납득할 수 있는 해결을 찾아 낼 수가 있다.

'몸으로 외운다. 몸 전체로 표현한다.'

몸과 마음이 함께 건강한 발달이라는 원리를 잘 이해하기 바란다. 그런데 공부는 잘 하지만 운동을 시키면 잘 못하는 어린이가 있다. 이것은 인식이 덜 된 - 두뇌교육이 제대로 되어있지 않다는 증거다. 제스처 놀이로 심신의 균형 발달을 꾀해야 할 것이다.

집합론은 '스무고개 놀이'로 배운다

라디오 프로에 '스무고개'라는 프로가 있었다. 청취자와 사회자 밖에 알지 못하는 문제를 해답자는 20분 이내로 풀어야 한다.

"그것은 광물입니까?"

"그것은 식물입니까?"

이런 질문에 사회자는 "예." "아닙니다." 만으로 대답해 간다.

광물, 식물, 동물 셋으로 나누고 동물이라는 것을 알면 물, 육지, 하늘로 나눈다. 육지라는 것을 알면 포유류, 파충류 등으로 나누고, 예를 들어 척추동물이란 대답이 나오면 집에서 사육한 개로 의견이 좁혀진다. 그렇다면 개라는 데까지 접근하자, 특수한 개, 비석까지 세워 주었다는 의견이 적중된다.

이 '스무고개'는 교육적으로 보면 어휘의 뜻을 정확히 알고, 이론적으로 추리한다는데 대단히 중요한 두뇌개발이 되는 놀이다.

동물, 식물, 광물. 이렇게 같은 종류의 물건을 정리하는 것을 집합이라 한다. 그 정리한 내용의 의미를 깨달으면 정확히 이해하였다고 본다. 그 위에서 이론적으로 추론해 나간다.

이와 같은 대뇌 활동의 패턴이 있으므로 달에 로케트를 쏘아올리기도 하고, 거대한 컴퓨터를 만들어 낼 수도 있다. 지식을 검증하고 그것을 추려서 구축하는 것이 인간 문화의 발달을 지속시켜온 원동력이다.

한국 사람은 이론적 사고력이 부족하다고 한다. 자연과 공존하여 살아온 한국인에게는 자연을 공격 대상으로 정복하려는 살아온 서양인의 2원론적 논리와는 확실히 다르다. 이 이론을 몸에 지니는가 않는가는 어린이의 장래를 크게 좌우함과 동시에 한국의 미래도 걸려 있다고 할 수 있을 정도로 두뇌교육 중에서도 골격이 되는 중요한 부분이다.

'스무고개' 놀이를 즐기면서 능력을 개발시키는 훌륭한 교육 방법의 한 가지이므로 가정에서 많이 이용할 것을 권장한다.

트럼프 놀이로 기억력과 집중력을 기른다

엎어놓은 카드를 한 장씩 집어서 같은 수의 카드를 추려잡는 놀이는 세 살 짜리 꼬마도 참가할 수 있는 가족적인 놀이다. 그 교육적 효과는 대단히 크다.

기억력과 집중력을 기르고, 더구나 한 장이라도 더 많이 집으려고 노력하는 적극적인 의지까지 단련시킬 수가 있다. 더 효과적인 것은 이 놀이에서는 반드시 어른이 이긴다고 단정할 수 없다는 점이다. 저녁 반찬 걱정을 한다든지 적당히 해 끝내려는 불성실한 어른은 지게 마련이다.

두뇌개발의 훈련에는 감을 기른다든가, 통찰력을 훈련한다든가 하는 여러 가지 방법이 있다. 그 어느 것도 집중력을 필요로 하고 있다. 사물에 집중하고, 그것을 지속할 수 있는 능력이 있으면 인생에서 불가능한 일은 없다.

다음 그림처럼 집중한다는 것은 대뇌피질의 일부분이 긴장되어 있는 상태이며, 흥분한다는 감정이 두뇌개발에의 에네르기로 전환된다.

이 집중력도 현재 자라고 있는 어린이가 장래 성인으로서의 역할을 감당하기 위해서는 조용한 분위기에서의 훈련은 적절하지 않을지도 모른다. 왜냐 하면 인간의 삶이란 TV 스위치를 켜면 나타나는 프로그램이 아니기 때문이다.

그리고 TV 내용을 기억하면서 트레이닝을 하는 것이다. 미래인의 자격은 손의 기용, 입의 기용이 큰 도움이 되며 두뇌의 기용도 필요한 효과적인 방법이다.

트럼프 놀이
유아쪽이 더 집중력이 있다는 것을 알 수 있다.

어디에 포인트를 둘까.

다리씨름

'우향 우'로 몸에 힘을 기른다

반사신경의 중요성을 새삼스럽게 설명할 필요는 없지만, 순간적으로 행동을 일으킨다는 것은 어린이를 위해서 중요한 대목이다. '맞느냐', '틀리냐' 고 물었을 때 맞는다고 생각해도 즉석에서 대답을 못하면 모르는 쪽으로 단정해 버린다. 그러므로 빠른 자가 유리하다는 점은 흔히 경험해 보는 일이다.

우리들의 행동은 일일이 생각해서 실행하는 예는 드물다. 일상생활의 태반은 자극에 대한 습관적인 반사운동이라고 할 수 있다. 남보다 한 걸음 앞서서 자기의 운명을 개척하기 위해서는 반사신경을 돕는 트레이닝은 아무리 해도 충분하지 못하다.

아래와 같은 트레이닝을 어린이와 함께 해 보기 바란다.

처음엔 천천히 시작하여 당신의 반사신경을 단련시키면 교통사고 예방에도 도움이 된다. 익숙해짐에 따라 차츰 빨리해 본다. 실제로 해 보면 연습 여하에 따라 놀랄 만큼 빨라진다.

유아에게 "셋!" 하면 손가락 3개를 펴 보이게 하는 놀이라던가, 3 하면 그 다음 수인 4하고 대답하는 놀이도 좋다. 손발을 '좌우, 앞뒤' 등 구령에 따라 움직이는 놀이도 해 보기 바란다.

어린이의 마음이 비누방울에 비친다.

담배 연기로 여러 가지 모양을 볼 수 있다.

저녁 노을과 신발 높이 차기

손수건 빼앗기
상대의 허점을 이용해 손수건을
빼앗는다.

만년필 떨어뜨리기

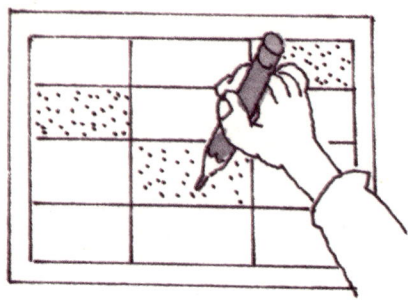

연필로 점찍기
칸 밖으로 나오지 않도록 무수히
연필로 점을 찌른다.

왼손, 바른손을 번갈아 폈다가는
오무린다. 이와 같은 동작을 반복
하면서 빨리해 본다.

무릎 위에 두 손을 얹고 오른손으로 무릎을 두드리며 왼손으로는 무릎을 긁는다.
차츰 속도를 빠르게 하면서 손을 바꾼다.

천재를 예감하는 점놀이를 시킨다

"사랑하고 있다. 사랑하지 않는다. 사랑하고 있다. 사랑하지 않는다."

엄마라면 한 번쯤 꽃점에 대한 경험이 있을 것이다. 그러나 잘 생각해 보면 꽃점은 '사랑하고 있다'가 나올 때까지 계속하는 놀이라고도 할 수 있다. 트럼프 점을 할 때도 대흉 大凶의 운명이 암시된 곳에서 중지하는 사람은 없다. 대길이라고는 할 수 없어도 좋은 점괘가 나올 때까지 그치지 않는다. 신발짝으로 하는 점도 마찬가지다.

즉, 좋은 쪽으로만 해석하려는 것이 사람의 마음이다. 미래를 조금이라도 장미빛으로 하려는 욕망은 자기 암시에 불과한 감정이다. 인생의 모든 장면에서 실력, 때로는 실력 이상을 발휘하여 자기의 운을 개척해 나간 수많은 위인들은 암시의 천재였다고 할 수 있다.

'나는 할 수 있다.'

이 한마디가 당신의 운을 열고, 오늘의 당신을 성공으로 이끄는 기회가 몇 번인가 반드시 찾아올 것이다. 어떠한 위인이나 천재도 태어나면서부터 그러했던 것은 아니다. 보통 사람들은 자칫하면 잊어버리고마는 자기 암시를 24시간 잊지 않고, 항상 자기를 앞으로 밀고 나갔기 때문에 위인 천재가 된 것이다.

암시는 두뇌개발의 원동력이다. 어린이에게 자신감을 가지게 하는 제 일보는 '너는 할 수 있으니까.' 하고 반복해서 용기를 불어넣어 준다. 이 암시가 주효하게 되면 반드시 어린이로부터 '엄마는 미인인데.' 하는 말을 들을 수 있다. 시험해 보기 바란다.

쇼핑에는 언제나 어린이를 데리고 간다

엄마는 매일 쇼핑하러 나간다. 그러나 어린이를 데리고 가는 사람이 적은 것은 무슨 까닭일까? 아마도 거치장스러워서 혼자서 가는 것이겠지만, 절호의 교육장을 놓치는 애석한 일이다.

빵값은 얼마이며, 치즈값은 얼마인가 하고 어린이는 자기와 관계있는 물품부터 관찰해 나간다. 그러나 왜 이 상점이 붐비는가 하는 종합 판단까지는 못한다. 그러므로 당신은 아이에게 어떤 방법으로 쇼핑 정보를 입수하며, 어떤 물건이 비싸고 싼 것인가 판단하는 능력을 가르쳐 준다.

상품의 종류, 산지, 이용법, 감별법, 사는 법에 이르기까지 당신이 알고 있는 지식을 가르치면 된다. 그러면 어린이는 사회, 산수, 자연, 국어 공부를 한 것이나 다름없다. 그 다음에 어린이는 어째서 유행하게 되는가 하는 여러 가지 지식을 종합해서 판단하는 판별력을 배우게 되는 것이다.

엄마가 자녀에게 가르쳐 줄 내용은 일상생활을 통해 얼마든지 찾아 낼 수 있다. 청소를 할 때는 '저리 가거라.' 하지 말고, 먼지의 종류, 청소 방법 등을 친절하게 가르쳐 준다.

연필 깎는 법도 매일 밤 엄마가 곁에서 깎아주면 빨리 숙달할 수 있을 것이다. 과일껍질 벗기는 법, 신발끈 매는 법, 수저 잡는 법 등 모두가 가정교육의 활동적 내용이 된다.

제 4 장
가정교육은 부모 밖에 못한다

길가의 들꽃이나 벌레 등을 찾아보고 동네와 거리의 지리적 조건과 주위 환경을 조사하면서 걸어가면 많은 공부를 할 수 있다. 건강에도 좋으며 모자간의 간격도 없어진다. 땅을 밟는 참 인간으로 육성하는 첫걸음은 부모와 자식이 함께 가는 소풍을 빼놓고는 더 좋은 가정교육은 없다.

가정교육의 첫걸음은 자장가로부터
시작된다

옛날부터 우리 나라에서는 아기는 업어 키운다고 정해져 있다. 아무런 불편을 느끼지 않고 업어서 길러지고 또 길러왔다. 그런데 제2차세계대전 후 서양 풍조가 도입되면서부터 이런 관습은 차츰 사라져 갔다. 안짱다리가 된다는 육체적 결함이 이유였다.

서양 사람의 체격에서 열등감을 받은 우리 나라 부모들에게는 충격적인 말이었다.

안아주는 것이 좋다고 한다. 그러나 안으려면 팔에 힘이 들어서 남자의 역할로 되어 버렸다. 지금도 아기를 동반하는 부부를 보면, 아내가 득의만만하게 걷고 있는 옆에 남편이 충성스러운 모습으로 아기를 안고 따라가는 풍경을 흔히 볼 수 있다. 잠잘 때도 끼고 자는 법은 없고, 아기 침대에 혼자 재운다. 그것도 엎어 재우는 것이 좋다고 한다. 그래서 질식 사건이 일어난 일까지 있었다.

미국식 육아법에는 생활 양식에 의해서 아기를 키우는데 가장 적합하다는 이유가 될 것이다. 그러나 유아시절부터 딴 방을 써야 하는 육아법은 주택 구조가 그렇지 못한 우리 나라 실정에 과연 적합한 방법일까?

비교 우열론은 그만두고라도 여기서는 업어주는 것을 유아의 정서 교육면에서 생각해 보고 싶다. 인간으로서의 토대를 구축하는 이 시기의 유아에게 가장 중요한 것은 엄마의 감동이 전달되는 업어주기가 가장 바람직한 일이다. 이런 의미에서 업는 것은 가장 좋은 정서 전달의 육아법이라고 할 수 있다.

아기를 업은 엄마가 길을 걸으면서 "아! 예쁜 코스모스가 피었구나."하고 감동해서 말을 하면, 엄마 어깨 너머로 같은 각도에서 아기도 코스모스를 볼 수 있다. 말소리의 울림과 동시에 감정이 직접 전달되는 것이다.이것이 앞으로 안은 자세라면 엄마의 가슴 근처만을 볼 수 있을 따름이며, 아빠라면 넥타이 정도, 이런 꼴로는 감동이 전달될 수 없다.

어린이와의 일체감은 업어주는 것만으로도 아무 조작없이 어떤 방법보다도 확실하게 전달된다. 엄마만의 특권을 대대적으로 활용해 줄 것을 권장한다. 엄마의 잔등에서 전해지는 따스한 체온과 함께 형성되는 정서야말로 인간으로서의 대뇌개발에 있어서 빼놓을 수 없는 정서 교육이다.

공부하는 동안 TV 스위치를
끄지 않는다

TV를 보면서 공부한다든가, 라디오를 들으면서 숙제를 한다는건 엉터리다. 그런 상태니까 집중력이 없다는 의견이 있다. 활자 시대에서 자란 어른은 그렇게 배워 왔다.

이와 같은 판단은 잘못이다. 생리학에서 가르쳐 주듯 대뇌피질의 활동 영역이 다를 경우 한쪽 세포에서는 책을 읽고, 또 다른 세포로 TV를 볼 수 있다는 학설은 이상한 내용이 아니다.

예를 들어 자동차를 운전할 때 눈으로는 앞을 확인하면서 오일이나, 스피드 미터나, 백 미러에 시선을 주고 있다. 발은 3개의 페달을 나눠 밟으며, 양 손은 핸들을 조작하면서 기어 바꾸기나 방향 지시기를 움직인다.

그리고 라디오를 들으면서 동승자와 얘기까지 나눈다. 순간적으로 적어도 6~7가지 판단을 하고 있는 것이다. 저것을 하고나서 이것을 한다고 해서는 자동차 운전은 할 수 없다. 우주 비행사쯤 되면 조종석은 계기로 둘러싸여 있어서 순간적으로 몇 백 가지라는 판단을 하지 않으면 안 된다. 한 번에 열 가지를 듣고 분별할 수 있다는 천재 정도가 아닌 더 이상의 고도의 판단력을 요구한다.

이것도 연습에 따라 숙련이 되면 할 수 있다. 어린이에게 '한눈 팔며 공부' 하는 것을 충고하는 엄마도 뜨개질을 하면서 TV를 보고 부엌의 찌개남비가 끓는 것을 생각하고 있지 않는가!

대뇌의 각종 영역이 동시에 크게 활동할 수 있는 그런 인간이 아니고는 우주시대에 있어서 남의 뒤꽁무나나 따라 다니면서 살 수밖에 없을 것이다.

변신이 능란하고 머리 회전이 빠른 어린이 즉, 완전한 두뇌개발 교육을 받은 어린이만이 밝은 미래를 만들어갈 수 있음을 강조하고 싶다.

어린이가 TV를 보면서 혹은 스테레오를 들어가며 공부하더라도 꾸짖어서는 안 된다. 도리어 TV를 봄으로 해서 공부를 못한다고 꾸짖었다면 두뇌 활동을 걱정할 일이다.

1등이란 성적보다 인기 짱의 어린이를 만든다

어떤 학급에도 인기자로 불리우는 어린이가 꼭 있다. 인기자가 되는 조건은 성적이 좋은 것 뿐만 아니다. 무엇인가 다른 어린이들 보다 돌출한 점이 있고, 그 위에 그것이 기피당하지 않는 조건이라야 한다.

인기가 있으면 사람이 모인다. 사람이 모여들면 연대감이 생기고 힘을 합해서 운을 개척할 수가 있다. 어른의 세계에서 볼 수 있는 일이 어린이 세계에서도 다를 바 없다. 어린이를 인기자로 만들어 주는 것도 두뇌교육의 필수과목이라 할 수 있을 것이다.

그렇게 하려면 어린이가 좋은 모습을 보일 수 있도록 무엇인가 한 가지 사람을 끌어당기는 매력이 있도록 하여야 한다. 언제나 희망의 꽃을 지니게 한다. 조금 이색적인 복장을 입힌다. 사치스러운 옷이 아니고 깨끗하고 스마트한 옷. 머리를 항상 곱게 빗고 가끔 머리 모양을 바꾼다. 새로운 놀이법을 가르쳐 준다. 놀 때 누구든지 받아들일 수 있는 포용력, 항상 깨끗한 용모와 웃음, 아무튼 어떤 것이라도 좋으니 어린이가 인기를 끌 수 있는 계기가 되는 것을 부여해 주는 일이다.

한 번 인기가 오르고 그 맛을 깨닫게 되면 내버려두어도 스스로 인기를 유지하는 요령을 터득하게 된다. 인기라는 것은 덧없는 향기와 같은 것이다. 재탕으로는 지속할 수 없으므로 다음에서 다음으로 머리를 짜내어 연구해 내도록 해야 한다.

인기의 상징이라면 흔히들 배우를 말하지만, 옛날의 배우들은 무언가 한 가지 연기를 할 줄 알면 될 수 있었다. 그러나 지금은 한 가지 재주만으로는 배우가 될 수 없다. 노래하며 춤추고, 그 위에 연기력이 없으면 스타의 자리는 유지할 수 없다.

학급의 인기자도 이와 같아서 한 가지만의 매력으로는 금방 질려 버린다. 그래서 학급의 인기자가 된 어린이는 여러 가지 매력을 몸에 지니려고 필사적으로 노력한다. 어린이의 자주적 의지로 선택되는 학급 어린이 회장에는 이런 어린이가 선출되기도 한다. 공부만 잘 하는 단순한 능력으로는 지지를 받을 수 없다.

어린이가 학급의 어린이 회장에 입후보 한다고 하면, 부모는 전과목 '수' 라는 성적을 땄을 때보다 기뻐해야 할 일이다. 전교생 또는 전학급 앞에서 말할 의견 발표의 초안쯤은 도와 주어야 한다. 당당히 연설할 수 있는 어린이는 사람들 앞에서 위축되지 않는다는 대단한 힘을 발휘한다.

이것은 단지 대뇌 일부분의 활동 결과인 것이다. 성적의 점수 뿐만이 아니라 인간으로서의 점수를 올려주고 싶다.

인기라는 마력은 어린이에게 자신감을 주고 무한한 가능성을 가진 희망의 싹이다.

자기 고장을 부모와 함께 살펴보는 기회를 갖자

옛날 사람들은 큰 사건이 아니면 거주지를 떠날 생각조차 못했다. 과거에 응시하러 간다 거나 높은 벼슬자리에 오른 사람이 아니고서는 서울 구경을 할 기회는 거의 없었다.

일제시대에 신교육이 실시된 이후부터 초등학교 저학년 때는 자기 고장의 명소에 원족이라는 명목으로 소풍을 갔었고, 고학년이 되면 수학여행이라 하여 1박 2일 정도의 서울을 비롯한 명승 고적의 단체 여행을 실시하였다.

그러나, 지금의 수학여행은 교육 부재의 여행으로 변질되어 버렸다. 여행 준비는 일체 업자가 맡아서 하고, 대절 버스로 안내원에 의해 코스를 안내 받는다. 교사는 무엇을 하는가 하면 학생들로부터 수금을 하고, 업자가 만든 팜프렛을 학생에게 나누어 주고, 버스 안에서는 코를 골며 주연에 지쳐 버리는 아무 의미 없는 단체 여행에 불과하다. 수학여행이란 습관적으로 떠들썩한 연례행사로 되풀이 되고 있어 온 지 오래 되나 교사 자신이 수학여행이 지니고 있는 취지와 진의를 알지 못하므로 무리도 아니다.

옛날 초등학교 학생들은 의례 도보로 소풍을 갔기 때문에 자기 고장의 동네 이름, 명소, 고적, 지리 등을 잘 알고 있었다. 그러나 지금의 어린이들은 버스로 통학하고 소풍도 가기 때문에 자기 고장은 고사하고 집 근처의 사정도 모른다. 지금 곧 자기가 살고 있는 고장의 역사와 지리를 탐사하고 어린이와 함께 걸어가 봐야 한다.

길가의 들꽃이나 벌레 등을 찾아보고 동네의 지리적 조건과 주위 환경을 조사하며 걸어가면 많은 공부를 할 수 있다. 건강에도 좋으며 모자간의 간격도 없어진다. 땅을 밟는 참 인간으로 육성하는 첫걸음은 부모와 자식이 함께 가는 소풍을 빼놓고는 더 좋은 가정교육은 없다.

가족 여행 계획은 자녀와 함께 세운다

초등학생을 가진 부모라면 휴일에는 어딘가 데리고 가 달라는 졸림을 받을 것이다. 가족 소풍은 좋은 학습의 기회가 되므로 반드시 실천해 줄 것을 권장한다. 무엇을 공부하면 좋을까 하는 내용은 앞에서 말했으므로 여기서는 그 사전 준비에 대하여 설명해 보려고 한다.

소풍을 간다고 하면 그 계획을 부모가 세우고, 차표도 부모가 산다. 또 지도를 조사하는 것도 부모가 한다. 다만 어린이는 목적지에 도착해서 공부를 할 뿐이다.

이렇게 한다면 효과는 반감 정도가 아니라 90퍼센트 이상 감소되어 버린다. 초등학생쯤 되면 소풍 계획은 스스로 세워 보도록 내버려 두어야 한다. 시간, 거리, 요금 등에 관한 것은 어린이 스스로가 계획을 짜도록 한다. 부모는 다만 자문 위원 겸 보조역이면 충분하다. 또 지도 보는 법을 가르쳐서 여행의 일정을 계획하고 세우도록 한다. 이

것으로 구체적인 계획과 목적지와의 관계를 예측할 수가 있다.

소풍에서 가장 필요하고 정확해야 할 것은 지도와 시간표, 이 두 가지다. 그밖의 것은 소풍을 즐기는 것, 소풍의 목적을 생각하면 된다.

지도와 시간표의 사용법을 마스터하면 학습 계획을 세우는 일은 아무 것도 아니다. 열차 또는 버스 시간의 변경, 행선지가 바뀌면 학습의 진도 상황도 자기가 체크하여 궤도 수정을 하고, 진행 내용을 검토하면서 학습 방법의 좋고 나쁨도 알 수 있다.

어린이가 공부를 못하는 이유 중에 99퍼센트까지는 방법요령을 모르기 때문이다. 하물며 진행 상황을 일일이 체크해야 하는 고등 기술은 상당히 고학년이 되어도 못하는 어린이가 많다.

이와 같이 지도 보기, 시간표 읽기, 계획이라는 진행 방법은 어른이 되어서도 항상 요구되는 일상적인 방편이다.

어떤 사업을 계획할 때나 신제품을 개발할 때 계획, 조사, 실행, 검증, 반성, 개량 등의 순서를 밟는다. 계획이야말로 모든 것에 앞서서 행하는 것으로 성패의 열쇠가 된다. 계획 능력이 있으면 자신의 장래를 내다볼 수가 있다. 가족 끼리의 수학 여행도 당신의 마음 여하로 두뇌개발에 연결시키는 교육 방법이다.

어린이의 손을 잡고 어두운 밤길을 걸어본다

최근에는 유령놀이라는 장난을 별로 들어볼 수 없다. 유령이라는 비과학적인 것은 존재하지 않는다고 해서 무시되고 있는 것일까? 그렇지 않으면 정말로 유령의 존재에 대한 두려움 때문인지 확인되지 않는다.

당신은 유령이 있다고 생각하는가, 없다고 생각하는가?

"어쩌면 유령이 있는 것이 아닐까?"

사랑하는 이를 사별한 사람은 그의 혼이 존재한다고 믿는다. 한편 혼이 말을 걸어오는 일까지 있었다고 체험을 말하기도 한다.

즉, 영혼의 세계라 함은 자기 안에 있는 '또 하나의 마음' 의 세계를 말함이다. 유령놀이란 미지의 세계 속에서 또 하나의 자기와 만남이다. 1+1=2가 통용하지 않는 비합리의 세계는 사랑하는 사람이 없으므로 기분이 음산하다. 무섭다고 느껴지는 것이다. 비합리의 세계이므로 타인과의 공통성이 없고, 자기만이 가지고 있는 영적인 공간으로 뚜렷하게 그려 낼 수 없다. 그것은 자기 마음 속에 살아 있는 것에 대한 불안한 공포인 것이다.

이와 같이 비합리성을 믿고 몸소 체험하는 것을 극의極意라고 한다. 말로 설명할 수도 없고 손으로 붙잡고 가르칠 수도 없는 깊은 곳에 있는 진실이 언어를 초월, 사고思考를 넘어서 자기의 것이 된다.

이 극의야말로 교육의 이상理想이며, 이것만은 놓치지 않고 완전하게 가르치고 전승하기에는 불가능하다. 가르치는 자와 가르침을 받는 자가 서로 마음을 문을 열 때 비로소 전승되는 것이다.

어린이의 성장에 있어서 유령놀이의 중요성이 인식되면 일부러라도 한 번쯤 어두운 밤길을 어린이와 함께 걸어서 암흑의 세계가 있다는 사실을 가르쳐 주기 바란다.

암흑 속에서 잡은 손의 다사로움은 그대로 일생 동안 지워지지 않는 엄마에 대한 추억으로서 어린이 마음 속에 영원히 살아 있을 것이다.

어린이 스스로가 슬럼프에서
벗어나도록 훈련시킨다

스포츠, 공부, 취미 등 무엇인가를 계속적으로 하려면 슬럼프라는 현상이 반드시 일어난다. 사람에 따라 그 나타나는 단계와 회수, 기간, 정도는 각각 다르지만, 어느 날 갑자기 찾아온다.

슬럼프에 빠져 고민해 보지 않는 운동선수는 없다고 해도 거짓은 아니다. 프로 야구선수에 관한 슬럼프 기사는 스포츠 신문에 있어서는 좋은 기사 재료가 되고 있지 않은가?

그 원인이 무엇인가를 모르고 있다는 선수라면 슬럼프에 관한 기사는 쓰여질 수 없으며, 프로 야구의 톱 스타는 3관왕의 자리를 지속시킬 수 있겠지만, 슬럼프에 빠지면 그렇지 못하다. 원인은 모른다. 거기서 탈출하기 위해서는 본인의 필사적인 노력이 필요하다.

이는 슬럼프 상태에서 탈출하는 노력이라고 하기보다는 그러한 상태에 빠지게 되는 약점을 가진 자기 자신을 이겨 내는 인내심이라고 말하는 것이 옳다.

예를 들어서 우리 나라 어린이가 미국으로 이민을 가서 어느 초등학교에 들어갔을 경우 학교 성적은 거의 톱 클래스가 된다고 한다. 그러나 중학교, 고등학교를 거쳐 위로 올라감에 따라 성적은 떨어진다는 것이다. 그에 비해 미국 어린이는 어렸을 때는 공부하는 것이 느리나 그 페이스를 무너뜨리지 않고 고등학교, 대학까지 유지하기 때문에 토끼와 같은 달리기로 출발한 한국인 학생을 앞지른다고 한다.

민족에 따른 체력과 습관 등 그 원인은 여러 가지가 있겠지만, 그중의 한 가지로 슬럼프를 극복해 가는 방법을 몸에 지니고 있으면 거북이식 공부라고 하더라도 승리는 가능하다. 그것을 지지하게 되는 원인이 무엇일까를 생각해 보면, 미국식 스포츠 교육의 철저함을 그 예로 들 수 있다.

스포츠는 건강을 위해서 좋다고 대다수의 부모는 믿는다. 그러나 말처럼 멀리 달리던가, 원숭이처럼 가볍게 움직이는 행동이 스포츠의 목적이나 효용은 아니다.

인생에서 자신의 뜻이 아닌 슬럼프에 빠질 경우 지혜롭게 인내하며 자기 힘으로 극복하는 체험은 귀중한 삶의 재산이다. 인간은 살아있을 때 저마다 나름대로의 한 가지 術을 몸에 지니고 살아간다. 그것은 또 두뇌교육의 중요한 열쇠가 된다는 사실을 이해하기 바란다.

대뇌세포를 자극하는 방법을 이용한다

"우리 집 아이는 기억력이 나빠서." 하는 체념어린 말을 엄마들은 주고 받는다. 그러면 시험적으로 그 아이에게 축구 선수 이름을 물어 보던가, 별을 좋아하는 아이라면 성좌와 우주에 관한 것을 질문해 보면 당신이 놀랄 정도로 잘 알고 있으며, 자세한 것까지 기억하고 있는데 감탄할 것이다.

기억력이 나쁜 어린이는 없다. 단지 어린이가 흥미를 갖지 않는다는 것 뿐이다. 싫어하는 원인은 부모의 지나친 보호와 무분별한 학교 시험에 문제가 있다. 흥미는 개인적인 영역이므로 싫은 대상에 관심을 가지라고 강요한다면 그것은 무리다. 어떻게 하면 좋을까? 최면 요법을 써서 기억력을 활용하면 된다.

사람이 잠을 잘 때는 대뇌피질의 세포가 조금씩 활동을 정지해 간다. 눈을 감음으로 해서 시각중추가 기능을 멈추며, 청각중추도 쉽게 된다. 단지 수면 중에도 몸을 지키기 위해 외계로부터의 자극을 필요한 만큼 최소`한도로 받아들일 수 있도록 최후까지 쉬지 않는 세포가 있다.

여기에 기억해 두고싶은 것을 넣어주면 된다. 눈을 뜨고 있을 때는 여러 가지 감각이나 세포가 활동하고 있으므로 주의가 산만해지지만, 졸릴 때에도 일부 세포는 활동에 집중할 수가 있다. 그 때를 이용하여 고민이나 마음의 장애를 제거하는 것이 최면 요법이다.

암기를 할 때는 이 원리에 따라 다른 잡념을 없애고 되도록 집중할 수 있도록 한다.

정신이 흩어지지 않도록 하기 위해서는 소리를 내어가며 암기한다던가, 방을 어둡게 한다. 너무 공복이어서도 안 된다는 등등 잠에 빠져들기 쉬운 환경부터 정돈한다. 그러나 물건 소리 하나 나지 않게 조용히 하는 것은 오히려 극도의 긴장감 속에 놓이기 때문에 나쁘다. 보통 때보다 약간 조용하면 된다.

트럼프 골라잡기 놀이에서 엿보았듯이 어린이는 어른보다 훨씬 집중력이 강하므로 필요한 환경 조성 방법을 가르치면 효과는 금방 나타난다.

초등학교 3학년이 되면 탐정소설을 읽게 한다

탐정물 SF 등 여러 가지 종류의 책이 있지만, 추리소설을 한 번이라도 읽지 않은 사람은 없을 것이다. 또한 추리소설이 싫다고 하는 사람도 많지 않으리라고 본다. 읽기 시작하면 재미가 있어서 잠시도 떼놓을 수 없게 되고 읽으면서 식사를 한다든지, 화장실에까지 가지고 들어가는, 밤을 지새는 열광에 빠지게 된다. 그런 일은 누구나 가져본 경험이다.

추리소설의 매력은 참으로 강렬하다. 무엇이 사람을 이처럼 매혹시키는 것일까? 인간의 상상력과 지적 흥미는 획물獲物을 구하는 그레이 하운드와 같이 답을 손에 넣기까지 일순의 휴식도 없이 몰고 간다. 어린이도 어른과 다르지 않다.

그런데 어린이가 추리소설을 읽는 것을 싫어 하는 부모가 많다. 식사를 하면서 읽기도 하고, 심지어는 화장실에까지 가지고 들어가서 읽으므로 좋지 않게 생각한다. 물론 그런 일에 시간을 빼앗겨 공부를 소홀히 해서는 곤란하다. 도덕적으로 좋지 않은 내용이 취급되고 있음으로 해서 반대하는 부모에게 그러면 당신도 싫어하는가 하고 물어 보면 대다수의 어른들은 '나는 좋아한다. 그러나 어린이에게는 아직 이르다.' 라는 대답을 한다. 이 부모는 오해를 하고 있는 것이 분명하다.

추리소설을 읽는 것도 공부이다. 국어에서의 다독력, 속독력을 몸에 지니게 하는데는 이보다 좋은 방법은 없다.

국어 공부라고 하면 교실에서 일어서서 교과서를 읽히던 생각이 떠오른다. 그와 같이 점잖게 천천히 읽는 것도 중요하지만, 빨리 읽는 것도 이에 못지 않게 중요한 독서 방법이다.

오늘날 정보 범람 시대에 살고 있는 어린이는 만화 한 권을 12초 동안에 읽는 것이 아니라 보아 넘기는 것이다. 바람직한 이야기다. 내기 놀이를 하였다고 해서 도박꾼이 되었다고 단정할 수 없듯이 은행 강도 이야기, 살인 이야기를 읽었다고 해서 그렇게 되는 것은 아니다. 그것을 해명하는 흥미가 유연하게 두뇌의 작용을 기르고 해명하기 위한 착안점을 배우게 되는 것이 교육적 효과이다.

이 착안점이야말로 비약을 위한 중요한 첫걸음이다. 이것을 발견 못하든가 오해하든지 해서는 바람직한 두뇌개발을 바랄 수 없다. 어린이가 초등학교 3학년생이 되면 탐정물을 사 주어야 하는 것이 부모가 권장해야 할 일이다.

경험 삼아 컨닝을 시켜본다

컨닝을 시켜본다는데는 여러 가지 의미가 포함되어 있지만, 우선 시험을 생각할 때 컨닝하고 싶어지는 것이 마음의 흐름이다. 공부는 자기의 욕구에 의해 좋아서 하는 일은 아니다. 그것을 일방적으로 테스트하려고 하기 때문에 '눈에는 눈으로'라는 수단으로 호소하는 방법이 강요되므로 여기까지는 자연의 감정이라고 생각된다.

문제는 마음 속으로 컨닝을 어떻게 생각하는가에 달려있다. 즉, 컨닝을 하면 안 된다는 죄책감에 다른 사람의 답안지를 넘겨다 보지 않는다. 그러므로 컨닝을 해서는 안 되므로 자기는 안 하지만, 다른 사람이 하면 자기가 손해를 보니까 고해 바친다.

이 밀고한다는 마음은 컨닝을 실행하기보다도 싫은 일이다. 컨닝을 하고 싶은 자기 마음을 속이고 타인을 비겁한 방법으로 함몰시키려고 하기 때문이다. 강한 인간에 아첨하는 자세다. 실제로 밀고해 보면 참을 수 없이 자기 자신이 싫어진다. 어린이를 밀고자로 만들어서는 안 된다. 고해 바치는 어린이는 철저히 꾸짖어야 한다.

시험을 위주로 하는 학교 교육에 실증이 난 어린이에게 '그런 생각이라면 차라리 컨닝해라. 만약 들킨다면 대신 내가 가서 사과해 주마.' 하고 말해 주고 싶다. 이러한 경우 컨닝은 내기와 같은 것이라고 생각해도 좋다. 내기 놀이를 했다고 해서 도박꾼이 되는 것은 아니기 때문이다. 대뇌개발의 훈련이라고 생각하면 마음이 가볍다.

내기놀이를 하면 심각한 상태에까지 이르게 된다. 이와 같이 컨닝으로 마음의 변화에 놓이게 되는 것도 중요한 자기 발견이다. 하지 않고 중도에서 고민하는 것보다는 결단을 내려서 심각하게 판단하는 분별력이 교육적으로 도움이 되므로 참고하기 바란다.

어린이가 부모를 존경하는, 다시 생각해 보는 변화는 이러한 생산적인 대화에서 비롯된다. 표면적인 공식론이라면 어느 누구도 할 수 있다. 어린이는 민감하게 자기의 잘못을 깨닫고 자기의 것으로 받아들이는 능력을 가지게 된다.

지금의 어린이들은 컨닝을 그다지 안 한다. 매일 시험이 이어지므로 긴장감이 없어지고 아무래도 좋다는 심경에 놓여 있기 때문이다. 시험에 대한 마음의 무서운 확충이라고 할 수 있다.

때로는 아빠가 과제를 만들어 준다

어린이가 게으름을 피우지 않는데도 과제를 다 끝내지 못하고 남았다면 그 양이 과다했다고 봐도 좋다. 시중에서 일일공부로 팔고 있는 시험지를 사용할 때 자주 일어나는 문제점이다.

교사가 학급의 실력에 맞는 자기 나름의 교육 방침으로 과제를 내면 이런 일은 없다. 시험 문제집 그것이 나쁘다는 뜻은 아니다. 전문가가 검토를 거듭한 끝에 만든 문제이므로 그 자체는 좋은 것이나, 그것을 1회분에 묶어 놓은 것에 문제가 있다는 것이다. 균형적인 학력과 교과의 진도 형편을 감안해서 1회분으로 해 놓았지만, 교과의 내용과 어린이의 학력에 잘못이 있다는 점이 문제이다.

이러한 시험지를 어린이에게 밀어붙이는 교사는 자기의 노력을 아끼고 어린이들의 사정은 생각하지 않는다. 불행하게도 어린이가 이런 교사의 반에 들었다면 엄중히 항의해야 할 일이다.

항의해서 효과가 없을 때는 시험지를 팔고 있는 서점이나 문방구에 가서 교사용 답안지를 사 오면 된다. 혼자서 하면 부족하니까 클래스 전원에게 이 답안지를 보고 과제를 시키면 전원 100점이 된다. 저능한 교사도 이런 부당한 시험지 사용을 금하지 않을 수 없을 것이다.

그러나 시판 시험지의 시비 문제로 교사만을 탄핵할 수는 없다. 과제를 내주면 부모는 안심한다. 과제를 내주지 않으면 학부모는 교사에게 재촉한다.

학교, 과제, TV, 무엇이나 받는 것 뿐이고, 자기 자신은 자발적으로 노력하려고 하지 않는 수용형 인간 밖에 될 수 없다. 어린이의 생활 시간을 배려해 주며, 주입만 하지 말고 주체적으로 활동할 수 있는 시간을 마련해 주지 않으면 어린이의 장래는 보장되지 않는다.

오히려 과제를 팽개치고 자기가 좋아하는 쪽을 공부하는 편이 긴 안목으로 볼 때 어린이를 위한 도움이 되는 경우가 많다. 어린이가 좋아하는 공부는 어른들이 볼 때는 놀이고 장난으로 생각되지만, 어린이의 입장에서 이해해 주기 바란다.

학교에서 주어지는 문제보다 아빠가 만들어 주는 문제를 어린이는 진심으로 환영한다. 보통 때 아무 관심도 없어 보이던 아빠가 어느 날 돌연 문제를 내주면 깜짝 놀라서 의욕을 불러일으키는 것이다. 이것을 계기로 해서 눈이 트이고 성적이 향상이 되는 경우가 있다. 아버지에 의한 대뇌 자극 개발 교육이라고 할 수 있다.

시작이 중요한 영어 공부에
돈을 들여라

어린이에게는 교과 과목 중에서 잘 하는 과목과 못하는 과목이 있다. 산수는 곧잘 하지만 사회는 못한다든가, 자연은 싫어하지만 국어는 좋아하는 여러 가지 양상이 있다.

이것이 곧 학교 성적에 나타나므로 부모는 자연 신경이 쓰여진다. 또 그것이 입에 오르내리니까 어린이는 더욱 싫어하게 된다. 가끔 운이 나빠서 점수를 못 얻었을 때 부모의 한마디가 어린이를 소극적으로 만들어 버린다.

그러나 이것들은 모두 일시적인 현상으로 좋아지게 되는 계기가 있으면, 지금의 성적이 평균 미달의 양良이라고 하더라도 내년에는 최고 수秀가 되는 것도 어렵지 않다.

그러나 영어만은 다른 것 같다. 내 경험으로는 중학교에 들어가서 1학년 첫학기에 영어가 불량한 학생은 그 이후도 처져 버리고 낙오

자가 된다.

초등학교에서는 배우지 않은 전혀 새로운 과목인 영어는 그 출발을 잘못 시작하면 따라가기가 거의 불가능하다고 해도 과언이 아니다. 영어 과목만큼은 보통 이상으로 할 수 있도록 부모가 뒷받침해 주기 바란다.

부모가 가르쳐 주면 좋지만, 그것이 무리라면 각종 학습지가 있을 것이므로 준비해 주도록 해야 한다.

중학교에 들어갔다고 공부방을 마련한다든지, 새 책상을 사 들인다든지 하는 것보다 영어 교육에 돈을 들여야 할 것이다. 자신을 가지고 영어에 몰두하지 않으면 고등학교, 대학에 올라가도 열등감에 계속 고민하게 된다.

처음에는 우스꽝스러우나 무리를 해서라도 TV 아나운서의 흉내라도 내어 발음 연습을 할 수 있도록 배려하는 것도 도움이 된다. 그러면 학급 친구들로부터 칭찬을 받는다. 칭찬 받게 되면 공부 안 하고는 못 배긴다. 공부하면 될 것 같은 기분이 생긴다. —가능성을 발견한다. 이렇게 잘 할 수 있는 기회를 만들어서 지도해 주어야 한다. 좌우간 처음이 중요하다.

초등학교 1학년생의 달리기 경주와 마찬가지로 첫출발에서 실패하면 그 후부터는 걷잡을 수 없는 낙제 과목이 되므로 반드시 부모가 힘을 기울여 주기 바란다.

초등학교 3학년까지는 공부보다
놀이에 전념하라

어제까지 유치원에 다니던 어린이가 초등학교에 들어가면 그날부터 초등학생이라는데 큰 부담을 느끼게 된다. 부모의 욕심으로서는 대견스럽게 생각하는 것은 좋으나 어린이는 갑자기 변신할 수 없다. 이제 초등학생이 됐으니까, '공부하라' 고 몰아대서는 안 된다.

실은 초등학교 3학년까지는 기운차게 노는 것이 공부라고 생각하면 된다. 학교 성적에 전혀 신경을 쓸 필요가 없다.

암기 과목이 되어버린 사회는 더 뒷날에 가서 공부해도 된다. 미술 과목도 흥미가 생기면 공부할 때라고 생각하면 된다. 단, 국어와 산수만은 완전히 기초를 잘해 놓지 않으면 따라가기 어렵다. 예를 들면 곱셈의 뜻을 확실히 파악하지 못하면 그 이상 앞으로 나갈 수가 없다.

국어에서 틀리기 쉬운 맞춤법이나 자주 틀리는 글자를 외워 놓으면 계속 틀리게 쓴다. 우리 말을 정확하게 구사할 수 있다고 하는 것은 모든 과목의 기본이 된다. 이것을 못하면 사고思考하는데 지장을 가져 와 이해하고 표현하는 데도 만족할 수 없게 되므로 국어와 산수 과목 만큼은 절대로 손을 떼서는 안 된다. 여기서 벗어나려면 학교에 서 돌아오면 교과서를 펴고 오늘 배운 곳을 복습할 정도면 해결할 수 있다. 배운 것을 매일 확실하게 자기 것으로 만들어가는 과정은 중요 한 학습 일과다.

이 정도만 하고 놀아도 훌륭하다. 또 공부한 것 만큼 놀지 않으면 안 된다. 놀이에 열중하면서 배우는 것이 이 시기에는 꼭 필요한 성장 과정이다.

장난을 하더라도 어른이 용서해 주는 시기는 3학년 정도까지며 그 이상이 되면 용서해 주지 말아야 한다. 장난의 양과 질이 어린이의 일 생에 결정적 영향을 준다.

지·정·의가 구조적으로 성장해서 한 인간의 개성적인 형型을 만 들어가는 시기인 초등학교 3학년까지의 시기를 중요하게 생각해야 한다.

어린이의 가능성을 믿고 넓은 마음으로 놀이와 장난을 살펴봐 주 기 바란다. 일생을 통하여 자기가 하고 싶은 것을 할 수 있는 시기, 그 것도 매일 새로운 발견에 놀라며 가슴 벅찬 환상을 쫓는 시기 즉, 두 뇌교육이 필요한 기간은 이때 밖에 없다.

두뇌개발을 위하여 자기의 리듬을
만들게 한다

　무슨 일을 하고 있을 때 신이 나면 무심코 콧노래를 부르는 것은 노래를 잘 하고 못하는 것과는 관계가 없다. 심장이 일정한 리듬으로 고동치고 있는 것과 같이 누구나 자기 나름대로의 심신의 리듬과 템포를 가지고 있다.

　이것을 스스로 의식하며 몸에 지니고 있는가 없는가를, 또는 일이 잘 진행되었나 못되었는가를 결정하는 요인이 된다.

　즉, 자기의 리듬과 템포에 맞춰서 일을 하고 있으면 위화감 없이 진행될 것이므로 자기 페이스를 유지해 나갈 수 있다. 그러므로 왈츠풍의 사람이 블루스풍으로 일을 처리하려고 해도 잘 안 된다. 맘보로 가려고 해도 무리가 따른다.

　서정적 왈츠가 남성적 행진곡이나 정열적이고 분방한 맘보와 상용되지 않는 것도 마찬가지다. 자기에게 맞는 리듬과 템포를 탔을 때야말로 자신이 가지고 있는 실력을 충분히 발휘할 수 있는 기회이다.

음악 교육의 목적은 이처럼 자기에게 알맞은 레일을 까는데 있다. 그러므로 옛날 같은 창가唱歌에 비하여 지금의 음악 교육은 한 계단 진보했다고 볼 수 있다.

우리들처럼 재래식 음악 교육으로 자란 입장에서 보면, 때와 장소를 가리지 않고 흥겹게 합창을 하고 악기 한 가지쯤은 다룰 줄 아는 지금의 젊은층이 음악 교육의 현주소이다. 다른 인종같은 느낌마저 든다. 그만큼 진보되어 있는 것이다.

리듬, 템포, 하모니, 이것들은 예외없이 모두 다 두뇌개발의 중요한 요소다. 한편 스포츠나 장난, 놀이에 열중하는 능력도 잘 길러주어야 하겠다.

음악에 대해서는 부모의 관심도가 높음을 표시하듯이 각종 음악 교실은 성황을 이루고 있는 것 같다. 바람직한 일이다. 교사 선택을 잘못해서는 안 된다. 음악 선생은 어린이가 좋아하지 않는데도 임의로 노래 부르기를 종용한다.

한편, 음악은 가르치는 선생과 특별한 유대감에 의해 연출되므로 음악가에게서 보아왔듯이 오래도록 사사하게 된다. 그러므로 선생의 선택이 중요하다. 그림의 경우처럼 몇 십년 동안 사사해 왔다는 말은 듣지 못했다. 특별 지도 교사를 선택할 때는 어린이의 성격에 맞추도록 고려해 주기 바란다. 음악은 두뇌 개발에 있어서 중요할 뿐만 아니라, 즐거움과 슬픔에 대한 인간의 감정을 표현하며 정서를 순화시켜 주는 가장 기본적인 바탕을 만든다.

226

엄마는 어린이와 함께 권총놀이를 하라

엄마들은 여자 어린이의 놀이에는 많은 이해를 한다. 자기의 체험을 통하여 무슨 짓을 하고 있다는 것과 그 다음은 어떻게 되어간다는 과정을 잘 알고 있기 때문에 안심한다.

그러나 남자 어린이에 대해서는 엄마가 지내온 어린 시절의 체험이 없다. 그보다 어른으로서의 분별이 작용하므로 위험해 보여서 견딜 수가 없다. 자기의 어린 시절이 얌전했음에 비하여 어쩌면 그렇게 개구지고 장난이 심한지 무심코 "그만 위험해!" 하고 소리를 지른다.

그러나 남자 어린이는 여자가 아니다. 남편의 남성다운 매력에 끌린 당신이라면 적극적으로 아들의 놀이에 참가해야 옳지 않을까.

권총놀이도 아들과 함께 쏘고 맞기도 하며 놀아주어야 한다. 건벨트에서 쏜살같이 뽑아 권총을 손가락 끝으로 빙글빙글 돌리다가 딱 겨누고는 쏜다. 맞았을 때는 가슴을 움켜쥐고 차츰 힘을 빼다가 무너지는 듯 쓰러진다. 최후의 신음하는 모습까지 심각하게 연출한다. 남자 어린이의 엄마된 사람은 이런 장면까지 할 줄 알아야 한다.

그러기 위해서는 어린이가 보는 TV프로나 만화를 잘 보고 상세하게 관찰해 두지 않으면 안 된다. 건 벨트에 대는 손끝과 팔의 굽힌 모습, 등과 허리 쓰는 모습, 눈의 움직임, 손의 동작법, 걸음걸이 등 되도록 상세하게 관찰하였다가 권총놀이 때 근사하게 연기를 보여줘야 한다.

그렇게 되면 지금까지 머리 속으로 새각했던 것처럼 위험한 놀이도 아니고, 사람 죽이는 잔인한 마음을 기르는 놀이도 아님을 알 수 있을 것이다. 거기에 흉내를 잘 내는 엄마로써 어린이들한테 절대적인 존경을 받을 것이다.

권총놀이, 칼싸움 놀이라면 어른들은 인명 경시로 생각하지만, 어린이는 전혀 차원이 다른 의식 속에서 놀고 있다는데 유의해야 한다. 인간과 인간이 목숨을 건 행동을 관찰하고 재현하는데 불과하다.

연기자는 혼자이고 관객이 없는 제스처와 같은 것이다. 당신은 설마 제스처로 영화 화면의 한 장면을 연출하는 어린이를 사람 죽이는 행위라고 생각하지는 않을 것이다.

뒤처리를 생각하고 꾸짖어라

어떤 학원이 학생 모집 광고를 냈다.

「강사는 전부 S대생, 경험 3년 이상의 베테랑급. 시청각 교육 시설
완비. 희망 학교 입학 보증. 초호화 강의실」

하지만 실제와는 많이 달랐다. 강사인 아르바이트 학생들은 화를
냈다. 경영자원장와 담판을 요구하고 조건을 붙였다. 광고를 취소하
는 사죄 광고를 낼 것. 금후의 광고는 본인들과 상담 후에 낼 것. 이상
의 내용을 담은 확인서를 교환할 것, 이들의 항의에 학원 원장은 승낙
했다. 또 다른 잊은 것은 없는가 하고 독촉까지 했다고 한다.

이 말에 학생들은 고개를 갸우뚱하고 얼굴을 서로 마주보고는 대
답은 내일하겠다면서 돌아갔다. 그들은 어떻게 할 것인가를 상의했
다. 생각해 보니 사죄 광고도 또 광고가 된다. 실정을 모두 부인하고
광고를 내면 나쁜 인상을 스스로 드러내는 꼴이 되므로 수강생들이

모이지 않을 것이 아닌가. 그러면 강사료만 감해질 뿐이다.

교섭에 이겼다고 생각한 것도 잠깐이고, 이 뒤처리에 완전히 의기소침해 버렸다고 한다.

싸움을 할 경우 뒤처리까지 생각하고 싸우지 않으면 이들 아르바이트 학생들처럼 이긴 즉시 혼란에 빠지게 된다. '지는 것이 승리'라고 하지 않는가?

내가 보는 견지에서는 오늘날의 학생들은 싸우는 법이 졸렬하다. 옛날의 학생은 어린 시절부터 싸움을 많이 해 봤으므로 요령을 터득하고 있다.

원인은 교육의 과잉 보호에 있는 것 같다. 학교 공부라는 것은 본래 어린이 생활의 일부분을 점하는데 불과한 과정이다. 또 어린이의 모든 시간을 투입시키려고 하는 동물 학대적인 조교調教의 탓이다.

당신이 어린이를 꾸지람 주었을 때 어떻게 위로를 할까 하고 고민해 본 적은 없는가? 만일 꾸짖으려면 그 뒤처리까지 생각하고 꾸짖어야만 한다. 이것이 중요한 점이다.

옛날 어버이들은 꾸짖지 않고 울었다. "이런 불효 자식을 가졌으니, 나는 불행한 어버이다. 세상에 면목이 없다." 하고 울어버렸다. 그때 어린이였던 당신의 기억은 지금 어떠한가를 생각해 볼 일이다.

어린이의 공부방은 해롭다

'요즘의 부모가 어린이 교육을 위하여 할 수 있는 일은 금융업과 건설업 뿐이다.' 라고 말하는 사람이 있다. 학자금을 만드는 것과 공부방을 만들어 주는 것만으로 중요한 골자는 모두 타인에게 맡긴다는 것을 비꼬아서 하는 말이다.

우리 어버이들은 아이들의 공부방을 만들어 주는 것을 큰 일로 생각하고 있다.

도대체 방이 없으면 공부를 못하는 것일까? 우리들의 어린 시절에는 책상과 의자를 가지고 있는 어린이보다 밥상을 이용하는 어린이가 대부분이었다. 공부 도구는 방 한구석에 놓아둘 뿐이었다. TV가 없던 시대이므로 식구들의 이야기 소리를 들어가며 학습 과제를 했던 것이다. 아빠의 일터에 대한 이야기, 엄마의 살림살이 이야기도 들으면서 공부했다.

공부방은 부모가 만들어 주어서는 안 된다. 학교를 짓고 교실을 만들면 공부가 된다고 생각하는 것과 마찬가지다. 중요한 것은 수용이 아니라, 그 안에 있는 어린이의 두뇌세포의 작용이다.

학교에 입학시키면 선생과 학부모의 리레이션이 원활하게 되며, 학원에 보내면 자연히 성적이 올라간다고 믿는 것도 틀린 생각이다. 어린이는 닭이 아니다. 집안에 넣어놓고 밥만 주면 된다고 하는 사고방식은 어린이를 모욕하는 그릇된 생각이다.

조용한 공부방에 있는 어린이를 살며시 엿보면, 혼자 떨어져 있다는 해방감 때문에 공부보다도 노는 시간이 많아지는 것이 보통이다.

어린이에게는 '겉교육' 인 학교 수업 이외에 또 하나의 '안의 교육' 이 필요하다. 그것은 젊은층이 모이는 번화한 대학교 주변이나 여자들이 모이는 미용실, 혹은 남자들이 찾는 유흥가 같은 곳에서의 교육이다. 어린이는 친구들과 함께 하는 장난을 통해 스스로 사물을 인식하게 되고, 자기의 활동에서 얻은 결과를 확인하면서 경험을 쌓아간다.

이같은 성장 단계에 있는 어린이에 대하여 부모와의 동거야말로 '안의 교육' 의 절호의 장이다. 부모들이 나누는 대화에서 어린이는 어른의 세계를 엿보면서 '안의 교육' 에 대한 복습도 할 수 있다. 이 주어진 환경을 스스로 파괴하고 독방에 격리하는 잘못된 견해를 절대 피해 주기 바란다.

가정교사는 부모가 직접 대학에 가서 선택한다

오늘날의 학교 교육에서는 맨투 맨 교육은 기대할 수 없다. 부모의 입장에서 보면 자기 집에서 공부하면 수시로 간식이라도 만들어 주면서 상황을 엿볼 수 있다는 점에 안도한다. 이것이 부모의 마음이다.

어떻든지 빛나는 미래를 짊어지고 있는 자식의 일이므로 부모는 경쟁적으로 가정교사를 두고 있지만, 그 방법에 문제가 있다.

첫째로, 가정교사에 대해 부모가 인색하다는 점이다. 주 몇 회, 몇 시간에 얼마라고 액수를 정하면 단순한 시간 노동 계약에 불과하다. 그렇게 하면 시간 교사로서 그 이상의 일은 하지 않는 것이 보통이다. 한 예로 다른 집보다 배 이상 과외비를 지불할 터이니 어린이를 부탁한다는 부모가 있었다. 학생은 깜짝 놀라서 생각했다.

'이 신뢰에 보답하기 위하여 가르칠 수 있는 한 모든 것을 가르치자.' 하고 자기 공부인 대학 강의도 소홀히 하면서까지 교과서도 자기 것을 따로 사고, 자신은 예습 복습을 거르지 않았다고 한다. 결과는 부모가 생각한 것 이상으로 성적이 향상되었다.

이 예에서 보는 바와 같이 가정교사는 20세 안팎이므로 감동하면 전력을 다 하는 것이다.

가정교사를 파트 타이머로 취급하는 부모는 결과를 얻으려면 그 정도라도 각오해야 할 것이다. 보통으로 해서는 발군의 성과를 기대할 수 없다.

문제는 가정교사를 선택하는 방법인데, 귀중한 자기 자식을 맡기기 위해 대학에 전화로 의뢰하는 부모가 많다. 가정교사를 국수집의 배달원과 같은 정도로 취급하기 때문이다.

우선 부모는 자기 주위에서 맡길만한 대학생이 없는가를 찾아봐야 할 것이다. 가까운 이웃에 없으면 대학교까지 직접 가서 타인의 눈이 아니고 자신의 눈으로 찾아야 할 것이다. 몰래 수업 현장을 관찰하면 공부를 잘 하는 학생인가 아닌가는 바로 알 수 있다.

어린이의 의사에 관계없이 가정교사를 결정하는 것은 일생을 좌우하는 위험한 선택이다. 부모는 선보는 이상으로 신중하게 가정교사를 선임할 일이다.

가정교사가 운영하고 있는 개인 교실에 보내려면 15명 이하의 곳을 선택할 것이며, 학교와는 다른 교사에게 친구와 함께 어울려 배우게 하는 것이 의외의 성과를 거둘 수 있다.

용돈으로 돈을 버는 공부를 가르쳐라

어린이의 놀이에 '버스놀이'라는 것이 있다. 버스표를 사서 버스에 탄다. 옥상까지 50원, 운동장 일주에 100원으로 정해져 있다.

그 놀이를 가위, 바위, 보로 한다면 좋으나 차타기 놀이에 돈이 개입되면 부모들은 싫어한다. 가위, 바위, 보라면 웃으며 보고 있지만, 돈이라면 얼굴을 찌푸린다. 돈을 쓰는 놀이는 나쁘다고 꾸짖는다.

부모는 어린이가 돈에 흥미를 보이든가, 사용하든가 하는 것을 꺼린다. 섹스와 같이 생각한다. 인간 사회를 움직이는 큰 원동력이 되는 돈과 섹스를 어린이 눈에는 덮어놓고 또 하나의 다른 지위만을 목표로 하고 있다.

사실 그대로를 알리는 것이 싫기 때문이다. 성행위를 해서 아이를 낳게 되는 과정이 어린이에게 알려지면 부모는 참을 수 없어 한다. 부모가 받고 있는 급료가 캬바레의 호스티스보다 낮다는 사실을 알리고 싶지 않은 것이다. 이런 어른들에 대한 비밀을 감추어 놓고 안심하고 대할 수 있도록 세뇌하는 방법을 예절이라고 한다.

숨길 필요가 없다. 어차피 알지 않으면 안 될 일이다. 학교에서 어린이에게 상이라고 해서 공책이나 연필을 주고 있지만, 집에서 사 주는 물건은 받아도 고맙지 않다. 돈으로 주면 좋아할 것이다. 기분도 달라질 것이다. 또 몸가짐만큼 돈의 힘이 확실하게 나타나는 것도 없다. 이를 닦지 않는 어린이에게 오백원을 준다고 해보면 곧 알 수 있다. 이것을 마이너스 면에서 잡은 것이 법에 의한 벌금이다.

돈의 힘과 매력, 쓰는 법과 버는 법을 되도록 여러 면에서 알아두면 어른이 되어서 자립했을 때 처리할 수 있는 능력이 발휘된다. 돈을 경시하면 오히려 돈에 경시 당하게 되어 생활력 없는 무력한 인간이 된다.

돈에 대한 집념이 강하다고 하는 것은 자본주의 사회 성립에 대하여 잘 알고 있다는 증거다. 그런 사람이야말로 자본주의 사회의 운명에 대하여 논할 자격이 있다고 할 것이다.

일주일에 하루는 어린이를 위한
장난 천국으로 만든다

어느 소설가는 어린 시절 서예 시간에 왕의 이름을 쓰게 되었다. 그는 그 종이를 가지고 화장실에 가서 휴지로 사용했다. 아무 탈도 생기지 않았다. 또 어느 때는 집에 모셔 놓은 제상의 위패란 무엇인가 하고 만져 보았다. 나무토막이었다. 손에 쥐고 보다가 던져 버렸다. 물론 아무 일도 일어나지 않았다.

오늘날의 어린이는 보통에서 벗어난 장난은 잘 하지 않는다. 이 소설가의 어린 시절에 겪은 상식을 벗어난 장난은 하지 않는다. 상식 범위 안에서의 장난 밖에 하지 못하는 것이 지금의 어린이들이다. 인간이 작아진 것이다.

상식에서 벗어난 일에 대해 매스컴이 떠들어 댄다. 어른들은 위축이 되어 온순해지고, 자기가 어린 시절에 한 장난까지도 잊어버리고, 자식이 상식에서 벗어나지 않도록 벌벌 떨며 숨을 죽인다.

이는 옛날과 비교하여 사회가 풍부해지고 시간 여유가 생긴 탓이기도 하다. 옛날의 어른들은 살아가는데 온 정신을 쏟았다. 주휴는 단 1일도 없었으며, 월휴는 2일이 보통이었다. 그러므로 어린이는 마음껏 놀 수 있었다.

지금은 고양이의 수염을 자르면 동물 학대라고 떠든다. 무전 여행을 하면 유괴 사건이라고 떠든다. 24시간 어른의 감시 속에 놓여 있다고 해도 과언이 아니다.

어른들에게는 어른의 시간이 있듯이, 어린이에게는 그들만의 시간과 생활이 있다. 이러한 간단한 이유도 모르는 많은 부부가 있음은 교육적인 면에서 슬픈 일이다. 어린이를 위한다고 하면서 자기 만족을 위하여 자식을 애완 동물화하고 있는 것이다.

어린이에게 매를 가하지 않게 된 대신에 '공부다, 공부다' 하고 채찍 소리를 내며 초컬릿을 한 손에 들고는 사탕 발림 구호로 몰아 세운다. 이대로라면 장난도 할 줄 모르고 싸움도 모르는 무능력할 만큼 정직하고 지식만이 풍부한 애어른화된 반뇌 어린이가 생기게 된다.

억지로라도 주 1일만은 어린이를 위한 장난 천국을 만들어 주면 어떨까. 어른 출입을 금지하는 프리타임을 만들어 주는 것이다. 더 나아가서 만우절을 주 1회 설정하여 노파심 많은 어른의 머리도 풀어 주고 싶은 것이다.

238

두뇌 훈련은 감각적 인간을 만든다

　요즈음 라디오와 TV에서 흘러간 노래를 방송해 주고 있다. 노랫말을 듣고 있으면 옛날 가사와 많이 다르다고 생각된다. 옛날 가사는 정서적인데 비해 지금의 것은 설명적이라고 할 수 있다.

　감정에 호소하는 음율로 듣는 사람 스스로가 자기 나름대로의 감동을 불러일으키는 것이 옛날의 가사다. 설명이 필요 없다. 그러므로 논리적으로는 줄거리가 맞지 않는 노래말이 많다. 그러나 어딘지 모르게 찡 하게 마음에 파고드는 여운이 있다.

　이에 대하여 지금의 가사는 논리적으로 만들어져 있다. 뉴스 기사에 필요한 6하 원칙 중에서 '언제' 만을 제외했다고 할 수 있을 정도로 해설 기사와 같다. 마음에 호소하는 것이 아니라 머리에게 알아 달라고 만들어진 사설조다. 노래를 듣고 거기서 자기 마음에 맞는 이미지를 넓혀 가는 가사, 정보 수집이다.

유행가를 들어서 알고 있듯이 우리들은 한국이라는 풍토 속에서 길러져 온 한국적인 고유한 것들을 잃고 있다. 어휘의 혼란과 빈곤은 문화를 황폐화 한다는 표현이다. 그러나 어휘만이 미묘하게 뉘앙스를 잃어버리고 있는 것은 아니다. 생활과 마음이 함께 둔화되어가고 있다는 증거이다. 나무와 종이와 쌀과 칼로 만들어진 문화가 철과 플라스틱과 빵과 가솔린하고 바뀌어진 것이다. 자연에서 과학으로 바뀌 탄 것이므로 유행가 가사가 설명적인 것도 당연한 변모이다.

자연에 묻혀서 살아온 한국인은 누구나 시조와 민요를 읊조린다. 자연과 인간 사회의 모든 내용을 주제로 삼아 34~36자로 정리한 시조는 어휘의 내용과 뉘앙스를 풍부하게 전해 주고 있다. 그러므로 어휘에 대한 이해가 높아지고 감정이 풍부해지는 것도 당연하다.

두뇌교육은 감각적인 인간 육성을 제창하고 있다. 철과 플라스틱으로 황폐해진 마음의 문화를 새로운 감각, 21세기인의 감각으로 개척해 나가지 않으면 안 된다.

그 기본이 되는 어휘를 풍부한 것으로 만들기 위해 가정 시가회詩歌會를 꼭 권장하고 싶다. 어휘의 뉘앙스를 알기 위해서 뿐만 아니라, 성性 교육을 직접적인 표현으로 하지 않는 것과 같은 다시 없는 교재가 될 수 있다.

완전한 두뇌교육은 운, 근성, 직감을 양성한다

교육에 대한 기대는 나라에 따라 다르다. 독일에서는 지식, 미국은 경험, 프랑스는 자격, 영국은 인물로 되어 있다. 그러나 우리 나라는 이 모든 것을 기대하고 있는 것 같다. 더구나, 그것이 학교 교육에서 전부 가능한 것처럼 알고 있고 또 믿고 있는 경향이 우세하다.

그러나 이것은 어림없는 잘못된 인식이다. 학교는 반뇌교육 밖에 해 주지 않는다. 완전한 두뇌교육은 부모가 자기 손으로 하지 않으면 안 되는 것이라고 이 책의 서두에서 이미 말하였다.

그러나 완전한 두뇌교육이란 무슨 특수교육도 아니다. 구태여 말한다면 특별한 교육이라고나 해야 될까? 그것은 지금까지 내버려두었던 놀이 중에서, 아니면 옛것 중에서 교육적 의의를 발견하고 바른 평가를 내린 교육을 말한다.

어린이는 무한한 가능성을 가지고 있다. 교육적 이론만을 주장하여 잘 모르지만 실천해 봄으로써 인간의 두뇌가 굉장하다는 것에 깜짝 놀랄 것이다.

무엇보다도 지금까지 두뇌의 근소한 영역의 일에 대해서만 집착해 왔는가를 실감하게 될 것이다. 한 걸음 더 나아가서 이 두뇌교육이야말로 부모 밖에 할 수 없는 교육이다. 어린이의 실력을 최대한으로 신장시킬 수 있는 사람은 바로 부모인 당신이다.

어린이는 이제부터 여러 가지 인생 경험을 쌓아간다. 지금까지와는 다른 세대를 살아가기 위해서는 무엇보다도 살기 위한 무기를 가지지 않으면 안 된다.

지금의 학교 성적은 50년 후에는 전혀 통용 못하게 되지만, 살기 위한 무기로써 50년 동안 그 진가를 발휘할 수 있을 것이다.

또 인생에는 실력만으로는 어떻게 할 수 없는 일이 있다. 운, 근성, 섬광같은 직감, 영감 등이 일을 해결해 내는 경우가 많다.

자연과학이나 기술을 오른손문화라고 하면, 직감이나 영감은 왼손문화라고 할 수 있다. 미국의 교육학자 브르너는 오른손문화와 왼손문화의 구조화를 제창하고 있다. 지知의 일부인 과학이 말하는 것과 인간의 생활 체험에서 나온 것과는 어느 편이 인간에 있어서 올바른 것인가는 설명할 필요조차 없다.

이러한 힘은 양성시킬 수 있는 것으로 언제 어디서든지 부모와 자녀가 함께 실천해 주기 바란다. 그리고 당신의 귀중한 자녀의 미래를 믿어주기 바란다.